Varia / Feltrinelli

MARCELLO FLORES

TUTTA LA VIOLENZA DI UN SECOLO

Feltrinelli

Prima edizione in "Varia" gennaio 2005

ISBN 88-07-49035-8

Per Alchimia

Чем хуже этот век предшествующих? Разве
Тем, что в чаду печали и тревог
Он к самой черной прикоснулся язве,
Но исцелить ее не мог.

Еще на западе земное солнце светит
И кровли городов в его лучах блестят,
А здесь уж белая дома крестами метит
И кличет воронов, и вороны летят.

Анна Ахматова
Зима 1919

Perché questo secolo è peggiore degli altri? Forse
Perché stordito di angoscia e di paura
Ha toccato la ferita più nera
Senza poterla sanare.

A Occidente brilla ancora il sole terrestre,
In quei raggi scintillano i tetti delle città
Qui bianca Lei segna di croci le case
E richiama i corvi, che arrivano in volo.

Anna Achmatova
Inverno 1919

1.

I numeri della violenza

Sono delle immagini che, per prima cosa, ci vengono in mente pensando alla violenza di massa commessa nel Novecento. Possono essere diverse o uguali per ogni individuo, per generazione di appartenenza, per luogo di nascita o per educazione. Sono immagini che possono essere altrettanto forti, simboliche, comunicative sia che abbiano per oggetto la violenza subita da una singola persona sia che documentino e raccontino eccidi di massa. Nella nostra società sono pochi coloro che possono dire di non avere mai visto immagini dei corpi scheletrici di Auschwitz e Bergen Belsen, ma sono certo molti meno quelli che hanno avuto la possibilità di osservare le immagini delle fosse comuni dei *killing fields* cambogiani o dei cadaveri straziati dai machete in Ruanda.

Capita a volte che le immagini personalizzate e individualizzate della violenza ce la facciano sembrare quasi più intollerabile e vicina delle immagini di massacri collettivi che appaiono spesso, in qualche modo, lontani, altrove e senza tempo.

Eppure, anche se l'immagine che più ci colpisce è quella di una violenza individuale – per la mia generazione una terribile immagine-simbolo è stata quella di Kim Phuc[1] –, quando riflettiamo sulla violenza pensiamo anche, immediatamente, alla *quantità* di morti, al *numero* delle vittime.

[1] Cfr. Denise Chong, *La bambina della fotografia. La storia di Kim Phuc e la Guerra del Vietnam*, Codice edizioni, Torino 2004.

Si calcola, in sintesi, che nel corso del Novecento le persone uccise in atti di violenza di massa siano state tra i cento e i centocinquanta milioni (qualcuno propone addirittura la cifra di duecento). Questa diversità nasce, in larga misura, dal tipo di conteggio utilizzato: che può includere o no, ad esempio, le vittime di carestie che sono strettamente legate alle azioni di guerra e violenza intraprese. Ma può anche dipendere dalle fonti su cui si fonda la propria stima, che diverge soprattutto per quei paesi o per quegli avvenimenti per i quali non è ancora disponibile una documentazione archivistica e statistica trasparente, libera e affidabile. Comunque sia, cento o duecento milioni costituiscono delle cifre in ogni caso agghiaccianti, che giustificano il fatto che il XX secolo sia stato considerato uno dei più violenti nella storia dell'umanità: secolo *barbaro*, secolo delle *tenebre*, secolo *innominabile*, solo per ricordare alcuni dei termini usati con maggiore frequenza.

Il Novecento è stato davvero un secolo più violento dei precedenti? A prima vista sembra che non ci siano dubbi. Il senso comune sembra dirci che sono i *numeri* che distinguono il grado e il livello di violenza accaduta nella storia. Che possono dircelo nel modo più neutro e obiettivo. E che il XX secolo ha battuto ogni record in questa macabra competizione.

Da cosa deriva questa convinzione? Dalla vicinanza storica del secolo appena concluso? Da una maggiore e approfondita conoscenza della violenza che in esso ha avuto luogo? O dalla semplice somma aritmetica delle vittime?

Restiamo, per adesso, nell'ambito delle crude cifre. E prendiamo in esame l'*evento* che è stato accompagnato dal maggior numero di vittime. Nessun dubbio a riguardo, è stata la Seconda guerra mondiale, con i suoi cinquanta milioni di morti (un po' di più o di meno se si contano le vittime degli spostamenti forzati di popolazione dai territori ex-tedeschi e se vi si include la Guerra cino-giapponese). Di queste vittime circa la metà (un po' meno secondo alcuni) riguarda i morti in battaglia, l'altra metà i civili uccisi. Questi ultimi comprendono sia i caduti sotto i bombardamenti aerei sia le vittime della Shoah, sia i morti nei massacri compiuti dagli eserciti regolari.

Se si rimane sul terreno quantitativo, l'unica conclusione cui si può giungere è che la guerra (in realtà la *guerra totale* del 1939-1945) rappresenta l'evento più violento e distruttivo del XX secolo e forse della storia umana. Un risultato che fa già parte della coscienza comune e che nessuno pensa di mettere in discussione. L'analisi dei numeri, allora, serve a poco o nulla? O rischia, addirittura, di nascondere gli interrogativi più rilevanti e annebbiare le questioni più importanti (le cause, gli effetti, le modalità, i risultati, ecc.) che gli eventi carichi di maggiore violenza ci inducono ad affrontare?

Quali sono i parametri – i nostri giudizi e pregiudizi morali, ideologici, religiosi, politici – con cui giudichiamo *violenta* un'epoca storica? Molto, in genere, dipende da chi sono le vittime e chi i carnefici, dalle forme e dall'intensità che la violenza ha assunto, dalla durata e dall'intenzionalità, cioè, in una parola, dalla *qualità* della violenza. Sui numeri, invece, sembrerebbe che si possa trovare un accordo, un punto di vista comune.

Prima di allargare il campo dell'indagine alla *qualità* della violenza, allora, può essere utile rimanere nell'ambito della valutazione *quantitativa*; che è molto meno semplice e lineare di quanto possa sembrare a prima vista. Anche nel "dare" i numeri della violenza – e cioè i numeri dei morti per violenza, di cui sono responsabili governi e collettività – gli studiosi sono tutt'altro che concordi. Al di là delle incertezze e, in alcuni casi, delle notevoli differenze tra le diverse stime, in genere si è giunti tuttavia a giudizi abbastanza condivisi sulla *quantità* di violenza avvenuta nel XX secolo.

I numeri sono importanti e, per quanto soggetti a discussione e spesso a disaccordi, sono un elemento irriducibile della verità storica. Ma l'ottica con cui si sceglie di guardarli è più importante. Possiamo decidere di "contare" le vittime elencando gli eventi, oppure i regimi responsabili, oppure gli stati-nazione in cui sono avvenuti i massacri; possiamo dare cifre assolute o relative, rispetto alla popolazione o rispetto alle vittime di altri eventi analoghi o dello stesso evento che ha colpito più paesi: ogni volta avremo elenchi e classifiche diversi, tutti veritieri e nessuno più vero degli altri. Quello che conta è che sia messo in chiaro, sia posto in evidenza, l'obiettivo di indagine che lo storico si prefigge e che lo ha portato a privilegiare un modo di interrogare i dati e le statistiche piuttosto che un altro.

Il computo delle vittime, se si escludono i grandi conflitti mondiali, è stato fatto generalmente per paese, individuando all'interno di ogni stato-nazione il regime o i regimi maggiormente responsabili delle violenze. Il risultato condiviso e indiscutibile è che, su base quantitativa, il numero maggiore di vittime lo hanno fatto i regimi comunisti, la Russia di Stalin e la Cina di Mao, seguiti dai cino-nazionalisti di Chiang Kaishek, dalle guerre civili combattute in Russia (1918-1921) e Cina (1945-1949), dai massacri nel Congo all'inizio e alla fine del secolo, dalle guerre di Corea e del Vietnam.

Sono numeri, per quanto soggetti a variazioni anche di rilievo nelle differenti analisi e letture delle statistiche operate dagli studiosi, che sembrano non lasciare adito a dubbi. I dati, tuttavia, vanno letti, e il modo in cui si decide di farlo può cambiare non di poco la prospettiva in cui porre gli eventi. Se prendiamo, ad esempio, le percentuali di popolazione uccisa durante i massacri di massa, cercando quelle più elevate, avremo un elenco notevolmente differente. Tra le cinque popolazioni più colpite ne abbiamo due che fanno parte dell'Africa coloniale (nell'attuale Namibia e in Congo), una sottomessa a un regime comunista (in Cambogia), una vittima della Seconda guerra mondiale (in Polonia) e una di stanza nell'Africa post-coloniale (in Guinea equatoriale); a esse fanno seguito le popolazioni turca e serba durante la Prima guerra mondiale, quella sovietica vittima delle repressioni staliniane, le popolazioni dell'Urss e della Jugoslavia durante la Seconda guerra mondiale. Ma in un simile elenco non trovano posto – non essendo all'epoca "popolazioni" di stati-nazione riconosciuti – né gli armeni né gli ebrei, vittime dei due genocidi compiuti all'interno delle due guerre mondiali.

Ma è davvero significativa questa comparazione numerica, o rischia di farci giungere alla conclusione – forse scontata e banale – che la violenza c'è sempre stata e che fa parte della storia dell'umanità in modo ineliminabile? Non è forse più importante *conoscere* gli aspetti anche quantitativi della violenza in una dimensione che permetta meglio di *comprenderla*, per renderci più consapevoli e attrezzati rispetto al futuro?

Forse, allora, è più rilevante prendere atto che nella prima metà del secolo – meglio, fino al termine della Seconda guerra mondiale – i morti sono stati per la grande maggioranza in Europa. Nella seconda metà del secolo le vittime sono appartenute tutte, se si esclude circa un milione, alle società extraeuropee che abbiamo indicato a lungo come Terzo Mondo e che chiamiamo adesso paesi in via di sviluppo. Questa nuova classificazione, per quanto anch'essa generica e indeterminata, ci offre una nuova possibilità di comparazione – quella tra il Novecento e i secoli precedenti –, suggerendo al tempo stesso una modalità generazionale e una geografica (o geopolitica) di metterla in atto. Se cambia il punto di osservazione – una persona nata nel 1910 o nel 1930 o nel 1950; il luogo dove si vive: Berlino, Boston, Beijing, Beirut – mutano necessariamente anche la percezione e la prospettiva con cui la violenza del XX secolo è stata conosciuta, vissuta, compresa e giudicata. Essa avrà accompagnato quasi l'intero secolo (almeno fino agli anni settanta) a Beijing, la prima metà soltanto a Berlino, momenti circoscritti soprattutto nella seconda metà a Beirut, sarà stata assente del tutto a Boston a meno che un suo cittadino non abbia partecipato alle numerose guerre in cui sono stati coinvolti gli Stati Uniti (Prima e Seconda guerra mondiale, Guerra di Corea, Guerra del Vietnam).

Le guerre del Novecento rappresentano il 95% dei morti nelle guerre degli ultimi tre secoli. E la percentuale dei civili uccisi è cresciuta fino a raggiungere il 50% con la Seconda guerra mondiale e il 90-95% nei conflitti dell'ultimo decennio. Il numero dei morti per violenza pubblica nel corso del XIX secolo è stato di gran lunga inferiore a quello del secolo successivo, e l'Ottocento oggi ci appare come il secolo della "lunga pace"; ma la percentuale delle vittime sul totale della popolazione è stata grosso modo la stessa, e cioè attorno all'1%. Se poi confrontiamo il numero dei morti in guerre, genocidi e massacri con le morti complessivamente avvenute nel corso del Novecento (circa quattro miliardi e duecento milioni) constatiamo che la loro percentuale raggiunge il 4,5%.

Le statistiche, naturalmente, ci offrono anche altre possibilità. Per esempio di confrontare le morti per violenza di massa con quelle per colpa del tabacco (settantun milioni nell'intero XX secolo) o per incidenti automobilistici (dieci milioni) o per omicidio (otto milioni e mezzo) o per Aids (ventotto milioni dal 1981 al 2002).

La raccolta di dati quantitativi sulla violenza commessa dai governi e dalle collettività, al proprio interno e in conflitti esterni, è un momento necessario e ineliminabile della conoscenza della violenza stessa. Da soli, tuttavia, questi dati possono unicamente offrirci un'impressione generale, che deve essere il punto d'avvio di una riflessione più ampia. Vi è raramente coincidenza tra la nostra soggettiva impressione del tasso di violenza e i dati oggettivi della realtà circostante: noi giudichiamo in base a ciò che accade attorno a noi, alle nostre aspettative e speranze, a paure infondate o a timori esagerati, ma anche a illusioni o cecità di fronte a una realtà peggiore di quel che crediamo. La violenza vicina, naturalmente, che colpisce la nostra famiglia o la nostra comunità, sembra più grande e terribile di quella che coinvolge i nostri confinanti o che riguarda società e mondi lontani; anche se ormai i mezzi di comunicazione ci forniscono una conoscenza immediata di quel che accade in ogni parte del mondo.

Il modo in cui leggere i numeri e guardare i dati nasce dalle esigenze di conoscenza che ci prefiggiamo. Il punto di osservazione e i criteri di analisi prescelti devono essere coerenti agli interrogativi che ci poniamo. E i numeri, quand'anche si riuscisse a trovare un accordo sul modo di costruirli e stabilirli, possono dare risultati diversi e opposti se li montiamo in successione differente, se li affianchiamo o li confrontiamo in maniera non univoca. Le vittime della storia meritano rispetto, non solo ricordandone la quantità, l'occasione, le modalità della morte. La loro contabilità non può essere solo numerica, ma anche morale: il ricordo delle vittime deve farci affrontare limpidamente le domande che riguardano le possibilità, le scelte e le motivazioni che hanno portato e portano alla violenza.

2.

Le violenze sono tutte uguali?

È inevitabile, quando si parla di una violenza di massa che ha avuto luogo nel Novecento, confrontarla immediatamente con altre e istituire, a volte inconsapevolmente ma più spesso coscientemente, una sorta di gerarchia e ordine delle violenze peggiori, più gravi, più insopportabili. Basterebbe pensare, per rimanere agli ultimi anni, alle reazioni che si sono avute dopo gli attacchi terroristici che hanno distrutto le Twin Towers di New York e fatto in quel giorno oltre tremila vittime. Quell'atto di violenza – e non solo perché inatteso, carico di simboli e minacce future, razionalmente immotivato – è stato percepito in forme assai diverse dai cittadini americani, dagli europei, dalle popolazioni del Medio Oriente, dell'America Latina o dell'Africa. Per i primi ha costituito uno spartiacque analogo o ancora più decisivo dell'attacco giapponese a Pearl Harbour nel 1941; nei secondi ha suscitato emozioni, reazioni e timori che non si registravano da anni, ma che non potevano certo competere con la *memoria* delle violenze della Seconda guerra mondiale; negli altri ha visto convivere commozione e dolore con malcelata soddisfazione, ha visto prevalere gli interrogativi sulle conseguenze dell'atto piuttosto che la solidarietà per le vittime e lo stringersi attorno al popolo americano.

La percezione della violenza, sembra quasi scontato ricordarlo, dipende dal punto di vista soggettivo, dal coinvolgimento personale, dalla risposta emotiva che suscita nell'immediato. Se vengono colpiti i nostri parenti o i nostri compatrioti viviamo quella violenza come intollerabile: anche se essa è quantitativamente inferiore a quelle che avvengono ogni giorno lontano da noi; e anche se non condividiamo le posizioni ideologiche dei nostri cari o se non ci identifichiamo con la politica del nostro governo.

L'indifferenza con cui l'Occidente ha guardato ai quasi due milioni di morti che si sono avuti in Congo negli ultimi cinque anni dipende probabilmente dall'atteggiamento generale che esso ha in questo periodo nei riguardi dell'Africa sub-sahariana. Come sembra confermare lo scarso interesse per la terribile e pandemica diffusione dell'Aids in quel continente, per le sorti della democrazia in Zimbabwe o in Liberia, per le violenze genocidiarie nella regione Darfur del Sudan. Questo atteggiamento sembra figlio di un passato coloniale con cui non si sono mai fatti definitivamente i conti e della cui eredità ci si è liberati troppo rapidamente.

Sempre più importante, nella percezione attuale che si ha della violenza in corso nel mondo, è il modo in cui essa ci viene raccontata e mostrata da chi costruisce la *realtà* di oggi, i mass media. La ripetizione ossessiva di situazioni violente tende a farle apparire quasi naturali e ineliminabili, a farci emozionare o inorridire, lasciando sempre più sullo sfondo la possibilità di comprenderne le radici e le cause. Diventa difficile, allora, utilizzare criteri di distinzione per non mettere tutte le violenze nel gran calderone della "malvagia" natura umana o, al contrario, per non guardare con empatia solo a quelle che ci sembrano più vicine per cultura, per ideologia, per affinità politiche o religiose, per ambito geografico.

Cosa ci colpisce della violenza? L'innocenza delle vittime, in primo luogo; e a maggior ragione quando si tratta di donne, bambini e vecchi. La volontà di fare del male, in secondo luogo, da parte dei persecutori; soprattutto quando si esercita in modo diretto, consapevole e magari anche inutile, per "motivi abietti" come riconoscono le legislazioni di molti paesi. I risultati conseguiti, infine; in termini di distruzione voluta o che accompagna come effetto "secondario" l'azione compiuta. Ma è anche importante – per la nostra percezione, il nostro giudizio, il nostro ricordo – la modalità con cui si esplica la violenza: i forni crematori sono diversi dai bombardamenti aerei e le marce della morte sono differenti dai massacri col machete.

Le violenze, certo, non sono tutte uguali: né per intensità, né per risultati, né per intenzionalità. Ma la possibilità di classificarle *oggettivamente* secondo questi tre criteri si scontra, sovente, con la percezione *soggettiva*: che ne hanno in primo luogo le vittime, ma anche i testimoni, gli osservatori, coloro che ne vengono a conoscenza in qualche modo (e nel villaggio globale lo siamo, tendenzialmente, tutti; anche se oggetti passivi di una selezione di informazione che avviene altrove).

La difficoltà nel tenere insieme la valutazione oggettiva e l'immagine soggettiva che si ha di violenze compiute o commesse appartiene a chiunque.

I torturatori sudafricani convinti a confessare dalla Truth and Reconciliation Commission, la Commissione per la verità e la riconciliazione, sono stati capaci di ricostruire, anche figurativamente, i loro peggiori atti criminali mantenendo la convinzione che si trattasse di ordinaria amministrazione, di "banali" ordini da eseguire in una sorta di violenta routine, che terminava ogni volta con ubriacature collettive. Posti di fronte ai loro delitti, alcuni domandavano perché non si chiedesse lo stesso ai loro superiori; altri mostravano un improvviso barlume di consapevolezza che in alcuni casi si trasformò in allucinazioni, incubi continui, disturbi mentali conclamati.[1]

In una recente intervista, l'ex segretario di Stato americano Henry Kissinger, accusato in un pamphlet del giornalista Christopher Hitchens[2] di "genocidio" – per avere, tra l'altro, sabotato i colloqui di pace col Vietnam, per avere favorito il golpe di Pinochet, per avere avallato l'invasione di Timor Est –, si è difeso sostenendo che a "quei tempi" (gli anni settanta) ancora non si parlava di "diritti umani" in mo-

[1] Cfr. Jacques Pauw, *Into the Heart of Darkness. Confessions of Apartheid's Assassins*, Jonathan Ball, Johannesburg 1997.

[2] Christopher Hitchens, *Processo a Henry Kissinger*, Fazi, Roma 2003.

do aperto e continuo come oggi, e non si aveva la sensazione di commettere davvero qualcosa che potesse essere considerato un crimine.

Se anche tra i potenti del mondo c'è difficoltà a riconoscere la validità universale di principi e valori sanciti internazionalmente, e si tende a giustificare la loro violazione con la sensibilità e la cultura prevalenti nell'epoca in cui esercitavano quel potere, è comprensibile che non si possa parlare di diritti o di violenza semplicemente rifacendosi alla legislazione allora operante.

In realtà quella che adesso chiamiamo la cultura dei diritti, e cioè una particolare attenzione e sensibilità per il rispetto dei diritti umani sanciti da organismi internazionali universalmente riconosciuti, è il risultato di un lungo processo storico: che sembra essersi consolidato soltanto negli anni che seguono la fine della Guerra fredda con la consapevolezza dell'immane tragedia della Shoah, e che recentemente hanno segnato alcuni tra i drammi più oscuri del secolo, di fronte a cui il mondo, e l'Occidente in particolare, sono rimasti colpevolmente immobili o sono intervenuti in ritardo (la Bosnia e il Ruanda soprattutto).

Classificare la violenza illegale e sanzionarla giuridicamente è stato un obiettivo che ha accompagnato l'umanità insieme ai conflitti e alle guerre di cui essa è stata protagonista. È solo a cavallo delle due guerre mondiali del XX secolo, tuttavia, delle prime e uniche *guerre totali* di cui il mondo è stato testimone (e la seconda ben più della prima), che si è cercato di risolvere con accordi internazionali il problema di crimini e violenze *eccessive*, *esagerate*, *inumane*, commesse nel corso di conflitti; e che si è tentato di porre al bando la stessa guerra, limitando i casi in cui potesse essere riconosciuta legittima.

La pace di Versailles nel 1919 sembrò promettere la punizione di crimini di guerra e dei responsabili del conflitto. Ma il kaiser Guglielmo II venne lasciato tranquillo nel suo esilio dorato in Olanda; e i membri del governo dei Giovani turchi, che avevano organizzato il genocidio degli armeni, furono oggetto di un giudizio penale soltanto in patria. Nel nuovo ordine garantito dalla Lega delle Nazioni prevaleva però il principio di autodeterminazione, anche se si applicava solo all'Occidente (e al Giappone), come testimoniarono le manifestazioni inscenate dai coreani contro i giapponesi – e represse nel sangue – o il massacro britannico di cinquecento pacifici manifestanti indiani ad Amritsar, nell'aprile 1919. Si decise che le sanzioni internazionali avrebbero dovuto applicarsi solo alle violazioni future: ma anche in questo caso il fallimento fu pressoché totale, come dimostrarono negli anni trenta i casi dell'invasione giapponese della Manciuria, dell'aggressione italiana all'Etiopia, dell'appoggio tedesco e italiano alla sollevazione militare in Spagna.

Bisognò attendere la fine della Seconda guerra mondiale perché si potesse giungere a una regolamentazione della violenza. Già nell'epoca tra le due guerre si erano prese decisioni importanti: con la proibizione dei gas asfissianti e delle armi chimiche e batteriologiche; con la convenzione sul trattamento dei prigionieri di guerra; con la creazione, da parte della Lega delle Nazioni, della Organizzazione per i rifugiati. Ma il carattere *totale* impresso dalla Germania hitleriana al conflitto iniziato nel 1939 fece presto dimenticare quei principi e quelle decisioni. Aggiungendo violenza su violenza alle popolazioni civili, ai prigionieri di guerra, a etnie e gruppi di popolazione privati di ogni diritto e sottoposti a trattamenti infami. Per giungere alla distruzione degli ebrei messa in atto dal nazismo e pianificata nell'ambito della "soluzione finale".

Nel dicembre del 1948 l'Assemblea generale delle Nazioni Unite – istituita nell'ottobre 1945 – approvò la Dichiarazione universale dei diritti dell'uomo e la Convenzione per la prevenzione e la punizione del crimine di genocidio. L'introduzione di questo nuovo termine nella legislazione internazionale, *inventato* nel 1944 dal giurista Raphael Lemkin, un ebreo polacco emigrato negli Stati Uniti, segnò il riconoscimento che la violenza dell'uomo sull'uomo aveva raggiunto un livello mai toccato in precedenza. Il genocidio veniva a costituire il più grave dei "crimini contro l'umanità" di cui si era dibattuto nei processi di Norimberga e Tokyo.

Se nel caso storico specifico che aveva portato alla ricerca di un nuovo termine giuridico – la Shoah – il numero delle vittime era impressionante per quantità assoluta e per la percentuale di distruzione delle comunità ebraiche europee, la definizione di *genocidio* si presentava soprattutto per essere usata come criterio di *qualità* della violenza occorsa e che avrebbe potuto ripetersi.

Si trattava, e si tratta, di una definizione al tempo stesso troppo estesa e troppo specifica: che ha continuato da allora a suscitare dibattiti e polemiche per determinare gli atti di violenza che potessero venire raggruppati sotto questa etichetta terribile e senza appello. Oltre al genocidio degli ebrei, vi è consenso pressoché unanime solo su altri tre genocidi, uno avvenuto in precedenza e due successivamente: quello degli armeni, quello cambogiano e quello ruandese. Ma il dibattito, che ancora prosegue, se valutare un genocidio anche quello commesso negli anni novanta in Bosnia, o quello contro i contadini ucraini da parte del regime sovietico negli anni trenta, o addirittura quello della dittatura militare argentina contro i *desaparecidos*, è comunque di grande utilità per valutare e conoscere meglio la violenza che ha accompagnato il XX secolo.

3.

Quanti tipi di violenza ci sono

Usare la categoria di *genocidio* per definire un atto di violenza ha, e ha avuto, conseguenze rilevanti: sia sul piano giuridico, sia su quello della memoria e del giudizio storico, sia nei comportamenti pubblici di stati e governi. Non è quindi solo una questione di sottigliezza giuridica; spesso, infatti, gli stessi giuristi sono divisi o almeno non coerentemente concordi nell'attribuire tale crimine a questo o quell'evento di violenza intensa e continuata che si è manifestata nel XX secolo.

Il riconoscimento del genocidio armeno da parte del Parlamento europeo, ad esempio – e di una serie di stati appartenenti all'Unione Europea –, ha costituito una pressione significativa, anche se fino a ora inefficace, perché il governo turco abbandonasse la sua politica negazionista e si mostrasse moralmente degno di ambire a unirsi all'Europa. È sulla base dell'unanime riconoscimento del genocidio ebraico che si è potuti passare, con difficoltà e con estremo ritardo, a pretendere da grandi aziende tedesche e banche svizzere il pagamento o la restituzione di beni sottratti a cittadini ebrei d'Europa durante la Shoah.

Il costante rifiuto degli Stati Uniti – e della Cina – di considerare un genocidio quello commesso da Pol Pot in Cambogia è stato legato alla volontà dei due governi di lasciare ai Khmer rossi il seggio cambogiano alle Nazioni Unite per ostilità al nuovo governo appoggiato dall'Unione Sovietica. Benché del genocidio si avessero notizie *certe* almeno a partire dal 1980 (l'esercito vietnamita cacciò i Khmer rossi nel 1979), fino al 1992 la bandiera di Pol Pot, quella della Kampuchea democratica, sventolò di fronte al Palazzo di vetro a New York, malgrado nel 1985 un rapporto delle stesse Nazioni Unite riconoscesse che vi era stato genocidio anche secondo la più "restrittiva" delle definizioni. Solo nel 1988, del resto, durante la presidenza Reagan, gli Stati Uniti avevano ratificato la Convenzione sul genocidio.

Nell'aprile 1994, quando in Ruanda ebbero inizio i massacri di Tutsi da parte del governo e delle milizie hutu, l'insistente richiesta di rinforzi del canadese Romeo Dallaire, comandante delle forze di *peacekeeping* delle Nazioni Unite nel paese africano, venne elusa ripetutamente. Sotto la spinta di gruppi umanitari come Human Rights Watch e Oxfam, il Consiglio di sicurezza dell'Onu discusse se usare o no il termine genocidio, che venne escluso per l'insistenza dei rappresentanti americano e britannico. Soltanto il 10 giugno, quando le stime più diffuse parlavano ormai di cinquecentomila persone uccise, la portavoce del dipartimento di Stato ammise che "abbiamo ogni ragione di credere che atti di genocidio sono avvenuti in Ruanda". Al corrispondente della Reuter che domandava "quanti atti di genocidio ci vogliono per fare un genocidio" Christine Shelly rispose "questa non è una domanda a cui sono nella posizione di rispondere".[1] Se si fosse usato il termine *genocidio*, come risulta dall'intensa discussione che su questo tema avvenne soprattutto all'interno dell'Amministrazione americana, sarebbe stato impossibile rifiutare un intervento armato per porre fine ai massacri. È di questo, sostanzialmente, che chiese perdono il presidente Clinton quando, nel marzo 1998, disse a Kigali: "Siamo qui oggi in parte per riconoscere che noi negli Stati Uniti e la comunità mondiale, non abbiamo fatto quanto avremmo potuto per cercare di limitare quanto accadde in Ruanda".[2]

[1] State Department briefing, "Federal News Service", June 10, 1994.

[2] Citato in Samantha Power, *Bystanders to genocide*, "The Atlantic Monthly", September 2001.

L'importanza delle definizioni, pur se difficili da dare, è fuori di ogni dubbio. Usarle, tuttavia, non dovrebbe avere minimamente a che fare con quella spinta alla gerarchia e alla classificazione che è invece troppo spesso presente; che si è vista esistere anche nella valutazione quantitativa e che appare un elemento ineliminabile di quella spettacolarizzazione del *male* cui i media sovente si piegano acriticamente. Distinguere la violenza, comunque, non vuol dire solo tentare di riconoscere se e quando c'è stato un genocidio; o parlare di massacri, assassinii di massa, stragi, carneficine pensando di riuscire in questo modo a rappresentare con maggiore precisione quanto avvenuto.

Ci sono altre tipizzazioni della violenza che possono essere utili alla loro comprensione, pur se scontano i limiti di ogni proposta classificatoria, di ogni modello entro cui costringere la realtà sempre mutevole e gli eventi storici sempre unici e irripetibili. Ci sono le violenze territoriali, guerre di conquista o di mantenimento del proprio predominio geopolitico; ci sono le violenze etniche, che hanno accompagnato l'instaurazione di stati-nazione impossibilitati a essere omogenei o il dissolvimento di imperi; ci sono le violenze ideologiche, legate alle grandi religioni politiche che si sono costruite in epoca contemporanea attorno e dentro stati totalitari e dittatoriali; ci sono le violenze fratricide, dei conflitti civili interni agli stati e tra cittadini della stessa nazione; ci sono violenze strategiche, come i bombardamenti aerei delle popolazioni civili; ci sono violenze economiche, motivate da scelte di efficienza e produttivismo. Ma ci sono anche altre possibili categorie di violenza: offensiva o difensiva, oppressiva o di liberazione; o anche, e ci si dovrà tornare con maggiore attenzione, violenza legale o illegale (secondo le leggi internazionali e dei singoli stati), giustificata o condannata (secondo l'opinione pubblica o una parte di essa).

La violenza del Novecento si è spesso manifestata presentando più caratteristiche insieme tra quelle sommariamente indicate. A volte è accaduto anche in passato, ma probabilmente è impossibile trovare in altre epoche un intreccio così costante e numeroso di attributi ugualmente legittimi. La Guerra di Spagna, ad esempio, è stata una guerra civile i cui massacri sono stati prevalentemente legati a violenza ideologica o religiosa, ma anche – nel caso dei bombardamenti tedeschi culminati nella distruzione di Guernica – di tipo strategico (o addirittura di sperimentazione). La violenza perpetrata nel Gulag sovietico è stata insieme di tipo ideologico ed economico, e fratricida perché commessa contro la propria popolazione. Le violenze che hanno accompagnato la guerra tra Iraq e Iran negli anni ottanta sono state territoriali ma anche religiose ed etniche. E lo stesso è avvenuto in Bosnia e in Kosovo, anche se l'elemento etnico ha preso forse il sopravvento sugli altri.

La spiegazione di questo intreccio, di questo accavallamento di caratteristiche, risiede forse nella molteplicità identitaria che accompagna la condizione della modernità. Nei conflitti, e nella dinamica che porta alla violenza, l'identità è uno strumento indispensabile di mobilitazione: più sono *le* identità messe in gioco, che sembrano poste in pericolo, e maggiore è l'emotività che può spingere a identificare un nemico contro cui indirizzare la propria reazione e a scegliere la violenza come reazione privilegiata. Non è un caso, forse, che il *nemico* costruito con maggiore pervicacia ed efficacia nel corso del Novecento – l'ebreo per il regime nazista – abbia prodotto una violenza che ha fatto ricorso a tutte le caratteristiche prima elencate. È in questo che risiede, probabilmente, quella che viene chiamata l'*unicità* dell'Olocausto e su cui si è molto discusso e polemizzato. Non sono l'intensità, né le motivazioni, né le modalità, né il carattere premeditato e "finale" della distruzione messa in atto, anche se sono tutti elementi rilevanti a caratterizzare la violenza nazista, a essere decisivi. È la loro compresenza, è quella sorta di tragico compendio di tutti i tipi di violenza possibili presenti nella Shoah che fa del genocidio degli ebrei un evento storico di particolare e unico rilievo nel panorama della violenza novecentesca.

Molte volte si è stati tentati di collegare i tipi di violenza manifestatisi al tipo di civiltà, al contesto culturale, alla maggiore modernità o al grado di sviluppo o arretratezza economica esistente. *Barbarie* è termine che indica "mancanza di civiltà", "nazione arretrata e incivile" ma anche "crudeltà", "inumanità". Norbert Elias, delineando in modo mirabile il "processo di civilizzazione", di cui elemento centrale era stato il monopolio della violenza da parte dello stato, poteva scrivere nel 1939: "Rispetto al furore bellico di un combattente abissino [...] o a quello delle varie tribù dell'epoca delle migrazioni dei popoli, anche l'aggressività delle nazioni più bellicose del mondo 'civile' appare attenuata [...] è stata limitata e smussata da un'infinità di regole e divieti che sono diventati autocostrizione. Si è pertanto trasformata, 'raffinata' e 'civilizzata' come tutte le altre forme di piacere".[3] Eppure sono bastati gli avvenimenti dei cinque anni successivi – non solo, ma principalmente – a far parlare del Novecento come "secolo barbaro", "secolo delle tenebre", e a sottolineare il rapporto strettissimo fra "modernità e Olocausto".

Eppure l'idea che la violenza più efferata e gratuita fosse da ascriversi a civiltà "arretrate" è riemersa con forza, quasi a volere annebbiare, o rinnegare, la consapevolezza raggiunta dopo la sconfitta del nazismo o dopo il crollo dei comunismi. Si è parlato, a proposito dei conflitti nella ex Jugoslavia, di "odii atavici", e lo stesso è stato fatto a proposito degli Hutu e dei Tutsi in Ruanda. Se ne è parlato non solo nei servizi giornalistici o televisivi, quelli che formano il senso comune più di ogni altra cosa, ma nei documenti delle Nazioni Unite e nelle cancellerie dei più grandi paesi occidentali, aggiungendo così l'incomprensione ai colpevoli ritardi nell'intervenire in qualsiasi modo (diplomatico, politico, economico, militare) per fermare violenze che gridavano vendetta al cospetto dell'umanità intera.

In modo ancora più marcato si è fatto riferimento alla violenza "barbara" come prova dell'arretratezza e dell'inciviltà dei suoi esecutori dopo il massacro delle Twin Towers, coinvolgendo in molti casi nella condanna e nel giudizio di inciviltà o di arretratezza l'intero Islam. Il tipo di violenza di cui

[3] Norbert Elias, *La civiltà delle buone maniere*, il Mulino, Bologna 1982, p. 352.

l'11 settembre è stato il più tragico e chiaro segnale è certamente diverso da quello che aveva caratterizzato i decenni o il secolo precedente: e queste sue particolarità e novità occorrerà approfondire senza dimenticare i tratti che l'accomunano, invece, al passato.

Per quanto riguarda il XX secolo, tuttavia, vi è una sola categoria che sembra riassumere tutte le caratteristiche diverse e parziali che si sono ricordate, un solo tipo di violenza che ha accompagnato tutti i momenti più bui della storia del Novecento, i suoi genocidi come i suoi massacri, le sue carneficine come le sue stragi, le sue brutalità come le sue repressioni: ed è quella della violenza del potere, della violenza politica di massa.

4.

Violenza di stato, violenza politica

Il monopolio della violenza da parte dello stato ha costituito un momento fondamentale nella formazione del mondo moderno, ponendo fine, almeno in larga misura, al tasso di arbitrio e di violenza individuale che i più forti e potenti esercitavano sui più deboli e indifesi. Garante della legge al suo interno, lo stato moderno ha rivolto soprattutto all'esterno la violenza istituzionalizzata e di massa, nel corso di guerre e conflitti con gli stati vicini o di azioni di colonizzazione verso popoli lontani e civiltà diverse e militarmente più deboli. La *conquista* delle Americhe, dalle spedizioni di Cortés contro gli aztechi o di Pizarro contro gli incas, fino alle guerre indiane di metà Ottocento contro Sioux e Cheyenne, ha rappresentato nel corso di secoli un vero e proprio genocidio collettivo delle popolazioni indigene: compiuto in nome della civiltà occidentale e del suo diritto di imporla a culture più deboli e arretrate.

La violenza non è mai stata estranea alla storia dell'uomo, anzi ne ha costituito un ingrediente essenziale e costante. Con la costruzione dello stato moderno, tuttavia, essa si è diversificata come modalità e come intensità: all'interno nei confronti di chi intendeva sovvertire l'ordine costituito; all'esterno contro *nemici* concorrenziali (gli altri stati) o contro *diversi* da soggiogare e colonizzare. La violenza contro i "sovversivi", per quanto abbia raggiunto in certi casi livelli particolarmente estesi e acuti, non ha mai raggiunto una intensità comparabile ai massacri di massa che accompagnavano, invece, quella rivolta all'esterno. Questa aveva un carattere legittimo e istituzionale nelle guerre contro nemici *simili*, assumeva un aspetto arbitrario e spesso incontrollato contro i nemici *altri*, quelle "genti irrequiete e selvatiche / torve popolazioni, da poco assoggettate, / per metà demoni e per metà fanciulli".[1]

Dalla pace di Westfalia (1648), che aveva costruito il diritto pubblico europeo attribuendo agli stati il diritto di sovranità interna, al Congresso di Berlino (1878) e alla Conferenza di Berlino (1884-1885), che sanciscono il primato europeo – e delle grandi potenze in particolare – sulla crisi dell'Impero ottomano e sulla spartizione dell'Africa, l'Occidente cerca al tempo stesso di limitare le violenze al suo interno e di dirottarle verso i nuovi territori di conquista.

A cavallo tra Ottocento e Novecento i massacri più significativi sono tutti a carattere coloniale: da quello di Omdurman (Sudan), nel 1898, dove undicimila dervisci vennero uccisi dai mitragliatori di Lord Kitchener, che perse meno di cinquanta uomini; a quello degli Herero, che tra il 1904 e il 1907 si riducono da ottantamila a quindicimila, sterminati dalla politica genocidaria del generale Lothar von Trotha. Lo stato – britannico nel primo caso, tedesco nel secondo – autorizza e avalla questa violenza nell'ambito di un progetto di conquista confortato da una cultura che unisce razzismo e socialdarwinismo, che vede l'evoluzione umana del potere come vittoria legittima del più dotato e del più forte. L'Occidente non ha un unico modello di violenza (come non lo ha di conquista e dominio coloniale); ma tutti, quello britannico come quello francese o tedesco, quelli spagnolo e portoghese come più tardi quello italiano, giustificheranno le loro *diverse* azioni e comportamenti violenti con la stessa discriminazione razziale e culturale nei confronti dei popoli non occidentali, ora con la logica della missione di portare il progresso, ora con quella del dominio territoriale del più forte e del più adatto al potere.

[1] Rudyard Kipling, *The White Man's Burden*, "McClure's Magazine", February 1899, tr. it. in www.lamelagrana.net.

Con la Prima guerra mondiale la violenza compie un salto di qualità che lascerà un segno indelebile sull'intero secolo. Essa è ancora diretta, in modo *tradizionale*, contro i nemici simili e concorrenti, contro gli altri stati e imperi in lizza per la supremazia europea, per conquiste territoriali, per controllo delle risorse ed egemonia commerciale; ed è, per molti, una guerra di difesa, anche se il *rischio calcolato* che porta a insistere sulla mobilitazione generale favorisce l'allargamento su scala mondiale di un conflitto che poteva restare circoscritto ancora una volta ai Balcani.[2] È una guerra, tuttavia, condotta in modo originale e nuovo, che prevede un coinvolgimento di tutte le risorse e le energie della nazione ma anche un ampio e ripetuto sacrificio dei propri soldati.

Al di là delle responsabilità specifiche degli alti comandi militari, i cui piani strategici e le cui tattiche di battaglia comportarono l'uccisione *inutile* di milioni di uomini, il carattere totale di questa guerra non escludeva il consapevole olocausto di quella "generazione perduta" che pagò per le scelte dei propri padri. Lo stato, nelle nuove condizioni create dalla modernizzazione novecentesca (ad esempio la coscrizione obbligatoria), si sente padrone del destino dei propri cittadini, legittimato a trattarli da sudditi proprio mentre illude le masse di essere divenute protagoniste della storia.

Gran parte della violenza del XX secolo è riconducibile alla violenza di stato e dei governi che ne sono espressione. I genocidi e gli stermini, i massacri e le stragi, nascono da strategie degli stati, da decisioni dei governi, da mobilitazioni volute dagli stati, da obiettivi identificati dai governi. Non c'è nulla di casuale nelle violenze del Novecento, anzi la progettazione, la programmazione, l'intenzionalità costituiscono il carattere precipuo dei genocidi e di molte tra le violenze di massa compiute nel secolo.

Nel corso del XX secolo si assiste a una sorta di *naturalizzazione* delle identità politiche, che vengono assunte come

[2] Cfr. Gian Enrico Rusconi, *Rischio 1914. Come si decide una guerra*, il Mulino, Bologna 1987.

fondamento dell'appartenenza di gruppo. Gran parte dei massacri – non solo quelli di impronta coloniale – sono compiuti contro *nativi*, identificati dalla politica al potere (o dal gruppo politico al potere) come estranei, nemici, traditori potenziali o quinte colonne in azione. Saranno soprattutto i regimi comunisti a usare violenza, in modo prolungato, contro i *propri* cittadini arbitrariamente accusati di tradimento e sabotaggio. Queste identità politiche, diverse da quelle sociali e di classe ma anche da quelle culturali ed etniche, sono la conseguenza della formazione dello stato moderno, di come si è andato organizzando il potere; e sono definite al tempo stesso dall'alto (dal potere), ma anche dal basso (dai modi in cui la società si rapporta col potere).

Se la comunità culturale si costruisce prevalentemente attorno al passato comune, individuando una condivisa eredità storica, la comunità politica fa leva su un comune progetto per il futuro, che si costruisca attorno all'utopia della razza, dello stato etico o della fine delle classi. In Occidente la comunità politica, nel suo cammino verso la modernizzazione, sussume e ingloba i tratti di appartenenza delle comunità culturali, riducendo così spesso le *patrie* ai modelli di regime imposti dai gruppi politici vincenti. Nelle esperienze non occidentali, al contrario, le élite politiche sussumeranno come loro identità proprio gli aspetti salienti – veri, costruiti, vicini o lontani – delle appartenenze culturali, facendosene strumentalmente ma efficacemente paladine. Lo spazio e la dimensione del conflitto, in entrambi i casi, sono quelli stabiliti e decisi dalla politica, dai gruppi, dalle dirigenze, dalle élite; su cui ricade più che su ogni altro attore la responsabilità delle violenze avvenute.

Nei casi più estremi – i genocidi per l'appunto – le guerre che sono in corso rappresentano il contesto entro cui la violenza trova possibilità e legittimità di manifestarsi. Ma la decisione di promuoverli, di iniziarli e di cercare di portarli a compimento appartiene alla sfera politica, alle scelte consapevoli di governi. È il triumvirato di Enver, Talat e Djemal che ordina l'arresto e l'esecuzione dell'élite armena di Costantinopoli e che promulga successivamente la "legge provvisoria di deportazione", prologo al genocidio. È Pol Pot, il "fratello n. 1" come si fa chiamare, a decidere con pochi dirigenti dei Khmer rossi l'evacuazione di Phnom Penh e la deportazione nelle campagne accompagnata dall'uccisione sistematica delle minoranze (vietnamita, cinese, chams), dei ceti istruiti, dei contadini che non accettano il comunismo integrale imposto col sangue al paese.

Sono stragi, queste, che hanno un obiettivo politico chiaro (l'eliminazione della presenza armena in territorio ottomano; la distruzione di ogni opposizione all'utopia schiavistico-ugualitaria), ma che servono anche a mobilitare la popolazione, a costruire consenso attorno a un nemico individuato, a creare paura e sottomissione, a impedire forme di opposizione e dissenso. Anche nei casi in cui sono presenti gruppi paramilitari o civili organizzati in forme più o meno spontanee in appoggio ai propri governi – le milizie *interahamwe* ("quelli che stanno insieme") e *impuzamugami* ("quelli che hanno lo stesso obiettivo") in Ruanda; le Tigri e i *Knjïndje* serbi, le Zebre e le Legioni nere croate – il legame con i gruppi politici al potere è continuo ed evidente.

Nei regimi totalitari o dittatoriali, il numero dei nemici attivi e pericolosi per il potere è di gran lunga inferiore a quello di coloro che saranno vittime della politica di repressione di quei governi. Anche coloro che continuano a manifestare la volontà di opporsi al potere e non costituiscono alcun pericolo reale per un regime che si fonda proprio sull'uso totale e assoluto della violenza. I massacri indiscriminati dei regimi comunisti o delle dittature militari sudamericane sono spesso tanto più numerosi e cruenti quanto la forza del regime è solida e le possibilità di indebolirla irrisorie.

La violenza di massa è una prerogativa dello stato, che la usa contro i propri cittadini che intende escludere ed emarginare, o utilizzare per le proprie guerre di conquista; ma sono i gruppi politici che controllano lo stato a valorizzare l'uso della violenza per raggiungere i propri obiettivi, a legittimarla e organizzarne la pratica e la diffusione. Nei momenti di crisi – di imperi, di federazioni, di stati multietnici – il ricorso alla violenza, a una violenza di massa spietata e sanguinaria, è l'arma che permette più di altre alle emergenti élite politiche di prendere il sopravvento, di conquistare il consenso nazionale, etnico e religioso. In molti casi la violenza e la guerra non sono il proseguimento della politica con altri mezzi, sono l'essenza stessa della politica per poter fondare o legittimare il proprio potere; o per poterlo rafforzare e mantenerlo.

5.

Gli obiettivi della violenza

Chi ha dato inizio a una guerra, nel XX secolo, difficilmente è riuscito a vincerla. È stato così nel corso delle due guerre mondiali, le più terribili per numero di vittime e per il tasso di distruzione da cui sono state accompagnate. Ma è stato lo stesso nella Guerra di Corea o in quella del Vietnam, in quella dell'Afghanistan o in quella dell'Iraq con l'Iran. Gli obiettivi della violenza bellica, solo talora esplicitati in modo chiaro e coerente, hanno dimostrato di essere il più delle volte irrealistici, rendendo quella stessa violenza inutile o addirittura controproducente.

In questi casi, tuttavia, la violenza era strumento dell'obiettivo di dominio, era il mezzo individuato per raggiungerlo. In altre situazioni, al contrario, la violenza è sembrata essere lo stesso fine, la sua pratica ha coinciso con l'obiettivo. La violenza contro i cittadini cambogiani o quella esercitata contro i Tutsi in Ruanda non aveva altro scopo che uccidere gli uni e gli altri, eliminarne il maggior numero possibile.

Potrebbe sembrare possibile, allora, fare una sommaria distinzione tra la violenza che ha un obiettivo territoriale, di conquista, e quella di cieca distruzione, dettata dall'odio per un nemico che si suppone assoluto e irrimediabilmente ostile. Se si analizza il tipo di violenza che si manifesta all'interno delle guerre e dei genocidi ci si accorge che gli obiettivi non sono così semplici e lineari come si sarebbe supposto.

La distruzione degli ebrei da parte del nazismo non è avvenuta soltanto per dare una "soluzione finale" a quella che per il regime di Hitler era la presenza più intollerabile e pericolosa. Se l'unico obiettivo fosse stato lo sterminio, infatti, che bisogno ci sarebbe stato del crudele processo di disumanizzazione cui furono sottoposti gli ebrei prima di venire portati nelle camere a gas?

L'obiettivo della violenza scatenata nel 1937 a Nanchino dai soldati dell'esercito giapponese non poteva essere di tipo militare, dal momento che ebbe luogo dopo la conquista dell'allora capitale cinese. Sembra mancare, in questo caso, un'articolazione o casistica di obiettivi possibili, che non siano la stessa estrinsecazione e concretizzazione della violenza, la volontà di distruggere, annientare, umiliare il nemico.

Nei confronti delle bombe atomiche americane sganciate il 6 e 9 agosto del 1945 su Hiroshima e Nagasaki, si può dibattere se fossero uno strumento adeguato (o invece immoralmente esagerato) di pressione nei confronti dell'imperatore e degli alti comandi militari, se la scelta delle città da bombardare fosse avvenuta in buona fede o per colpire volutamente la popolazione civile, se gli effetti distruttivi fossero noti o se si volle sperimentarli su una popolazione ritenuta razzialmente inferiore (e colpevole di avere scatenato la guerra). Tra obiettivi dichiarati, obiettivi nascosti, obiettivi taciuti o inconsci, accuse formulate all'epoca e successivamente, è possibile che la risposta più vicina al vero contenga più d'uno di questi elementi. Quello su cui non dovrebbe più esserci discussione, invece, è il fatto che si sia trattato di un'uccisione in massa di civili inermi e non di un'azione di guerra.

L'uccisione tra l'ottobre 1965 e il marzo 1966 di circa mezzo milione di indonesiani, per la maggior parte appartenenti al Partai Komunis Indonesia (PKI, Partito comunista indonesiano), per mano di unità dell'esercito e gruppi di civili armati, non può essere ascritta soltanto alla volontà di eliminare completamente dalla vita politica il PKI. Per raggiungere questo obiettivo non ci sarebbe stato bisogno di un bagno di sangue così esteso e di una violenza così capillarmente e intenzionalmente perseguita.

Si è cercato di spiegare con una sorta di "furia selvaggia collettiva", che si scatenerebbe in genere come risposta al timore di una sconfitta e umiliazione imminenti, l'inaspettata ferocia di militari e civili *convinti* (autonomamente o dai loro superiori) che un colpo di stato comunista stava avendo luogo. Ma ci si è anche rifatti a considerazioni su una supposta psicologia nazionale – un misto di cultura, tradizioni, appartenenza comunitaria e lealtà di gruppo – che in questo caso, come in quello del massacro di Nanchino, sembrerebbe meglio adattarsi a popolazioni asiatiche. Si tratta di spiegazioni generiche, che attribuiscono ad alcune civiltà (o caratteristiche psicologiche nazionali) quello che si può senza errore attribuire all'umanità intera: ma che lascia del tutto insoluti gli interrogativi di fondo sulle cause e ragioni della violenza.

Se si vuole uscire dalla terribile ma per certi versi rassicurante convinzione che la violenza appartiene alla storia umana ed è perciò ineliminabile, o dagli stereotipi vagamente razzisti che dipingono gli *altri* come più disponibili alla violenza – assunzione che non regge a una lettura semplice dei massacri del XX secolo – occorre accettare che le risposte debbano essere complesse, articolate e probabilmente ancora ambigue e insufficienti.

Gli obiettivi della violenza non sono mai univoci, anche se è possibile rintracciarne gli aspetti salienti; ed è questa molteplicità che rende possibili forme così dissimili e modalità così articolate di violenza concreta. L'elemento politico è una caratteristica costante, e nella gran parte dei casi prevalente, dell'obiettivo che porta alla strage o al genocidio. Lo è stato in Indonesia come lo sarà dieci anni dopo in Cambogia. Perfino dove sembrano emergere con più forza caratteristiche etniche o razziali – i reciproci massacri tra hindu e musulmani al momento dell'indipendenza dell'India e del Pakistan; i campi di concentramento e le fosse comuni nelle guerre della ex Jugoslavia; il genocidio dei Tutsi in Ruanda – la ragione politica presiede in ogni caso alla *decisione* di usare la violenza, e quasi sempre anche alle forme con cui colpisce le sue vittime.

Le violenze religiose e i disordini etnici iniziati nell'estate del 1946 e proseguiti con più forza dal marzo 1947 nel Punjab e nel Bengala, trovano un'ulteriore accelerazione dopo il 15 agosto 1947, giorno dell'indipendenza dei nuovi stati dell'India e del Pakistan. È questa scelta – cui concorrono il governo britannico, il rifiuto del Congresso indiano alla parità etnica coi musulmani, la propensione della Lega musulmana per uno stato autonomo – a costituire il terreno di diffusione della violenza. Una violenza che si manifesta in parte in modo spontaneo e incontrollato, ma che nasce sull'onda di decisioni politiche e sulla spinta di organizzazioni politiche locali – in particolare l'Akali Dal, il partito dei sikh del Punjab – che fomentano la pulizia etnica territoriale.

Pulizia etnica è anche l'obiettivo, non dichiarato ma evidente, con cui nella ex Jugoslavia il serbo Milošević e il croato Tudjman intendono portare avanti la loro battaglia nazionalistica, accusandosi reciprocamente di massacri genocidiari, che troveranno poi in Bosnia una ulteriore e più tragica manifestazione. L'obiettivo politico di costruzione dello stato nazionale coincide con quello etnico di espulsione e distruzione di chi è considerato *nemico*, *diverso*, malgrado decenni di convivenza, matrimoni misti, cultura e lingua condivise.

In Ruanda è l'identità politica costruita in un lungo processo storico (dalla politicizzazione degli indigeni in forme differenziate di subordinazione da parte del colonialismo alle leggi e istituzioni del post-colonialismo che rafforzano i criteri dell'identità razziale ed etnica) a rappresentare il contesto per la decisione politica di un'élite che cerca nel genocidio la consacrazione permanente del proprio potere.

Certo, in ognuna di queste violenze sono presenti altri aspetti, altre finalità. Terrorizzare il nemico, umiliarlo, indebolirlo, sono obiettivi che accompagnano il progetto, totale o parziale, della sua eliminazione; e che lo rafforzano agli occhi di coloro nel cui nome e per il cui interesse sono perpetrate le violenze.

La finalità del Gulag sovietico, ad esempio, era quella di accompagnare la costruzione del socialismo eliminandone i nemici e utilizzandoli, al tempo stesso, come strumento economico per quello scopo. La modalità della repressione, intrecciando obiettivi in parte tra loro incoerenti, assumeva a volte un aspetto contradditorio. Quando la necessità economica spingeva a predeterminare quote di "nemici del socialismo" da inviare ai lavori forzati, nel Gulag finivano in gran parte cittadini che non avevano fatto nulla di concreto *contro* il socialismo, accentuando ancora di più l'arbitrarietà della definizione di *nemico* e recludendo nell'universo concentrazionario uno spaccato dell'intera società. Le condizioni terribili in cui erano costretti a lavorare e vivere gli *zek*[1] erano una conseguenza della loro supposta colpa (politica, sociale, ideologica) e il risultato era un trattamento di questa forza *servile* sicuramente antieconomico ma adeguato ai principi su cui si fondava lo stato.

Senza nemico non ci sarebbe violenza. Il nemico è sempre presente come obiettivo da sconfiggere o da distruggere. Vincerlo è lo scopo delle guerre (dove l'obiettivo finale è la conquista territoriale e l'egemonia politica ed economica), eliminarlo quello di stragi e massacri che appaiono, a prima vista, incomprensibili e gratuiti. Ma questo nemico esiste davvero? Quello che il potere individua come tale, è un pericolo reale o una costruzione artificiale?

Gli armeni non costituivano una minaccia concreta per l'Impero ottomano, in crisi ormai da decenni e in via di disfacimento nel corso della guerra mondiale che aveva scelto di combattere accanto alla Germania. Gli ebrei non avevano alcuna possibilità di minare la solidità e la compattezza del Terzo Reich, e non erano certo responsabili di quella "pugnalata alle spalle" di cui la propaganda nazionalista li aveva accusati, incolpandoli della sconfitta nel primo conflitto mondiale. I cittadini della Cambogia uccisi nel mattatoio di Tuol Sleng – fossero vietnamiti o cinesi, intellettuali o contadini – non costituivano un pericolo per la continuità dell'appena costituito regime khmer rosso. I Tutsi in Ruanda, o gli Hutu moderati massacrati con loro, non stavano sfidando il regime di

[1] Abbreviazione del termine russo *zaključënnyj*, "recluso".

Habyarimana, né potevano essere considerati coinvolti nell'esplosione dell'aereo in cui si trovava insieme al presidente del Burundi, atto che diede il via al *genocidio del machete*.

Il nemico, in questi casi, è mera invenzione o la sua individuazione anticipa una minaccia possibile? Costruire il nemico rappresenta uno strumento del potere per dare maggiore coesione – con la mobilitazione e la paura – al proprio popolo o al gruppo su cui si appoggia?

Ed è certo, comunque, che manchi del tutto una motivazione concreta e una spiegazione reale alla violenza? Che non ci sia, sullo sfondo, una risposta certo terribile e sproporzionata, ma forse non del tutto immotivata?

6.

L'occasione della violenza

Le violenze di massa compiute da stati e governi, in nome di obiettivi politici dichiarati anche se non sempre chiari, hanno avuto bisogno dell'appoggio e della partecipazione di una parte della popolazione. Che fosse maggiormente spontaneo o indotto, o in alcuni casi anche forzato, questo appoggio doveva trovare la giustificazione del proprio atteggiamento in una condivisa e accettata idea di colpa da attribuire al nemico.

È questa, insieme alla congiuntura particolare che dà l'avvio pratico alle manifestazioni di violenza, a costituire l'occasione perché essa possa manifestarsi. Il successo della costruzione del nemico nella percezione popolare costituisce l'occasione che il potere attendeva per iniziarne l'eliminazione o l'emarginazione violenta.

Il timore creato dai numerosi raid che i soldati del Rwandan Patrioctic Front (RPF, Fronte patriottico del Ruanda) compiono tra il 1990 e il 1993 dai confini con l'Uganda finisce per accelerare due processi di segno opposto: colloqui di pace che portano a un trattato in cui si prevede un governo di transizione e un esercito riunificato composto da entrambi i contendenti; accelerazione di una campagna propagandistica incentrata sulla contrapposizione etnica fra Hutu e Tutsi promossa dal clan e dalla famiglia del dittatore, in cui si distinguono sua moglie e i responsabili delle forze speciali *interahamwe*. È una propaganda che ottiene consensi, grazie soprattutto all'intensità e pervicacia delle trasmissioni di Radio

Télévision Libre des Milles Collines, e che fa crescere la percezione di una minaccia che i raid rendono più verosimile e vicina di quanto in effetti sia.

È nel momento in cui l'aereo del presidente Habyarimana esplode dopo un colloquio di pace con il presidente del Burundi avvenuto ad Arusha, in Tanzania, che hanno inizio assassinii di massa sulla base di liste preparate in anticipo dalle milizie *interahamwe*, e che gran parte della popolazione hutu è coinvolta nei massacri: per la paura di diventare possibile vittima, per un senso di fedeltà alla propria comunità capace di vincere ogni remora, per vendicare in un'orgia di violenza le proprie frustrazioni, ansie, umiliazioni.

È l'intreccio tra la creazione di un clima favorevole alla criminalizzazione del nemico e un fatto concreto capace di suscitare allarme e timore, a fare da detonatore alla scelta politica già compiuta e predisposta dai governi e dalle autorità civili e militari. Si tratta di un meccanismo che non è solo prerogativa di stati totalitari o dittatoriali, e di cui l'assassinio a Sarajevo dell'arciduca Ferdinando d'Austria il 28 giugno 1914 rappresenta una sorta di prefigurazione simbolica per tutte le successive "occasioni" di violenza.

Nel caso della Prima guerra mondiale l'atto compiuto da Gavrilo Princip, l'uccisore di Ferdinando e della moglie Sofia, era stato genuinamente spontaneo, frutto dell'autonoma strategia del terrorismo nazionalista serbo. Le cause dell'esplosione in volo dell'aereo di Habyarimana restano ancora avvolte nel mistero, anche se l'interpretazione prevalente l'attribuisce a un attentato compiuto dai nemici del processo di pace. A volte gli atti di aperta ostilità compiuti dal nemico si rivelano, ad anni o decenni di distanza, una cospirazione ideata coscientemente da governi che vogliono aumentare o estendere la loro violenza.

È quanto successe nel famoso "incidente del Tonchino", in cui la decisione del presidente americano Johnson di bombardare il Vietnam del Nord per rappresaglia all'attacco condotto da cannoniere vietnamite contro il cacciatorpediniere Maddox si è dimostrata *occasione* di una scelta precostituita.

Quell'attacco vietnamita sembra non avere mai avuto luogo o essere stata una reazione prevista e predeterminata da assalti compiuti dalla nave-spia contro obiettivi del Vietnam del Nord. È a partire da quel momento, tuttavia, dal 4 agosto 1964, che l'autorizzazione del Congresso a bombardare il territorio del Vietnam del Nord porterà a quella continua escalation della presenza americana in Indocina che si concluderà circa dieci anni dopo con l'uccisione di quasi due milioni di vietnamiti – in maggior parte civili – e quella di cinquantottomila soldati degli Stati Uniti. L'episodio più recente, su cui la documentazione è diventata inoppugnabile, riguarda l'esistenza di armi di distruzione di massa da parte del governo di Saddam Hussein in Iraq, dietro cui Bush jr e Blair si sono trincerati per convincere i parlamenti e l'opinione pubblica della necessità di una guerra preventiva (la tragica ironia è che gli stessi governi non mossero un dito quando Saddam Hussein compì, nei confronti dei curdi e a più riprese, quello che diversi analisti e studiosi ritengono sia stato un tentativo di genocidio).

Ci sono violenze che non avvengono secondo processi lineari e complessivamente coerenti come quelli appena descritti. I ripetuti massacri etnici che si sono avuti in India tra hindu, musulmani e sikh, pur traendo le loro radici dalla radicalizzazione etno-religiosa che accompagnò la divisione dell'ex colonia britannica al momento dell'indipendenza, sono stati troppo numerosi per poterli attribuire a un'unica occasione. Li si può ricondurre, naturalmente, a quella costruzione reciproca del nemico che proprio negli anni quaranta trovò la sua istituzionalizzazione sia ideologica sia organizzativa, ma le occasioni per la ripresa e la rinascita della violenza sono state molteplici anche in seguito. Ognuna di queste ha dato il via a episodi che si sono avvitati in una spirale di vendette che spesso è durata a lungo, e che ha costituito il fertile retroterra per nuove occasioni e nuove violenze.

Nel corso degli anni ottanta il governo di Indira Gandhi decise di eliminare la minaccia terrorista e indipendentista con un'azione di forza. Indira aveva stretto un'alleanza con gruppi sikh fondamentalisti e dalla forte connotazione religioso-comunitaria per sconfiggere l'Akali Dal, il partito sikh più forte, ma anche più moderato, fautore di uno stato autonomo. L'*occasione* venne offerta dall'occupazione del Tempio d'oro di Amritsar – il tempio religioso sikh – da parte di estremisti che uccisero decine di hindu e di sikh moderati. L'operazione "Blue star" (l'assalto al Tempio da parte dell'esercito indiano, che coincise con le celebrazioni del compleanno del guru Arjan Dev, martirizzato secoli prima) si concluse con un bagno di sangue, risultato di un'operazione militare condotta con carri armati e artiglieria pesante. L'idea dei generali di Indira era quella di rafforzare la politica di divisione tra moderati e fondamentalisti sikh, e al tempo stesso di umiliare l'intera comunità.

Fu quel massacro, quattro mesi dopo, la causa dell'assassinio di Indira Gandhi da parte di due sue guardie del corpo sikh, il 31 ottobre 1984. Tre giorni di terrore ebbero successivamente luogo a Delhi e in tutta l'India, cinquemila furono i sikh uccisi, fatti a pezzi, bruciati vivi.

Lo stesso anno il Vishwa Hindu Parishad (VHP, Congresso mondiale hindu), in una grande assemblea religiosa a Delhi, lanciava il movimento di liberazione di tre luoghi di culto dalla presenza musulmana (le conversioni all'Islam si erano moltiplicate soprattutto tra le caste basse e intoccabili). Il primo obiettivo scelto fu la città di Ayodhya, dove si dice sia nato Ram, l'incarnazione del dio Vishnu, dove sorge la moschea di Babar, costruita sulle rovine di un tempio hindu. Per anni, dopo che un giudice ha riaperto la moschea a entrambi i culti dopo oltre trent'anni di chiusura, s'intensifica la campagna per la costruzione di un tempio, che culmina nel 1990 in una processione che parte dal Gujarat (dove un luogo di culto hindu era stato distrutto nel 1026 e ricostruito nel 1950), attraversa molti stati del nord e giunge dopo un mese ad Ayodhya. I devoti di Ram, i *kar sevak*, assaltano la moschea senza riuscire a distruggerla. Il governo cade, i morti sono più di seicento.

Nel 1991 ci sono nuove elezioni, nel corso delle quali viene assassinato Rajiv Gandhi. Il Congresso riprende il governo ma il partito nazionalista religioso, il Bhartiya Janta Party (BJP, Partito popolare indiano) diventa una forza rilevante.

Nel febbraio 1992, nello stato del Gujarat, un treno di pellegrini di ritorno da Ayodhya, dove ha avuto luogo una manifestazione per la ricostruzione del tempio hindu, è oggetto di un attentato di estremisti islamici, che provoca sessanta morti. Gli scontri tra nazionalisti e musulmani riprendono, e questi ultimi sono oggetto di una persecuzione che fa circa settecento vittime. Nel 1992, malgrado la proibizione della magistratura, è ripresa la costruzione del tempio; il 6 dicembre i *kar sevak* assaltano la moschea di Babar e la distruggono sotto gli occhi di contingenti di polizia, compiendo strage di fedeli musulmani; alcuni leader del BJP vengono arrestati e i governi locali dove sono presenti vengono sospesi dal governo centrale. In poco più di un mese i morti sono oltre duemila, quasi tutti musulmani.

Il movimento per la hinduizzazione forzata, legato al VHP, collabora ormai col BJP, che domina il governo dal 1998 fino alle ultime elezioni del 2004, vinte inaspettatamente dal Congresso, accentuando la contrapposizione religiosa ed etnica in numerosi stati e inasprendo i rapporti tra la comunità hindu e quella musulmana.

Le tensioni internazionali seguite all'11 settembre 2001 hanno avuto una ricaduta pericolosa anche nel Kashmir, dove India e Pakistan combattono dai giorni dell'indipendenza esasperando le divisioni etniche. L'obiettivo reciproco delle forze nazionaliste, quello di rafforzare le tendenze fondamentaliste ed estremiste, punta sulla contrapposizione religiosa per conquistare un seguito di massa. La violenza, in questo caso, diventa espressione di fede e di legame con la comunità e con la sua tradizione: nella forma dei massacri di massa da parte degli hindu, in quella del terrorismo contro i civili da parte dei musulmani. L'*occasione* della violenza, allora, diventa tanto più capace di mobilitare quanto più ha un forte connotato religioso essa stessa.

La sequela di stragi e vendette, di massacri popolari e di attentati terroristici, trova in India le sue radici nella costruzione del nemico, come in ogni altra regione del mondo. L'occasione religiosa – il luogo di culto come posto privilegiato della violenza – è però un suo tratto distintivo, che accomuna le scelte tragiche e omicide dei governi e le reazioni guidate e sollecitate della popolazione, i programmi dei partiti nazionalisti e l'azione cosciente dei gruppi terroristi.

L'occasione per dare inizio alla violenza può emergere in forme diverse: può essere costruita artificialmente o può essere colta dalle forze interessate sfruttando fermenti e tensioni spontanee, può approfittare del contesto internazionale o può radicarsi nella tradizione e nella storia patria. È possibile, allora, identificare quali sono gli stati e le società che sono maggiormente propensi a trovare o costruire queste occasioni, che sono maggiormente "portati" alla violenza?

7.

Ci sono stati violenti e società propense alla violenza?

Tra i sei principali caratteri degli stati totalitari, il modello che ha avuto maggiore influenza nella seconda metà del Novecento – quello di Carl J. Friedrich e Zbigniew Brzezinski[1] – indicava il terrore e il monopolio della violenza. Erano lo stato nel suo insieme e una sua istituzione particolare, la polizia politica, a determinare le forme e modalità dell'uso della violenza contro i nemici interni ed esterni del regime totalitario.

Al di là dei limiti di questo modello interpretativo, che vedeva il totalitarismo come regime immutabile e statico e che si presentava come apologia acritica del campo occidentale durante la Guerra fredda, sembra inevitabile e quasi ovvio considerare gli stati totalitari come la quintessenza della violenza organizzata. I tre quarti almeno delle morti del XX secolo, secondo stime discutibili ma non certo lontane dal vero, sono frutto della violenza di massa dei governi totalitari: quello di Hitler e dei suoi alleati fascisti in Germania e nell'Europa occupata, di Stalin in Urss, di Mao in Cina e di Pol Pot in Cambogia.

È la volontà di ridurre l'intera società a unità, attorno a valori supremi e indiscutibili – la Razza, lo Stato, la Classe –, a precostituire il terreno per la violenza; è il progetto di co-

[1] Politologi di Harvard, hanno creato nel 1956 con *Totalitarian Dictatorship and Autocracy* il modello che è stato dominante nei circoli politici e accademici per diversi decenni, fondato su sei elementi distintivi: l'ideologia, il partito unico, il terrore, il monopolio della violenza, il monopolio dell'informazione e dei media, la pianificazione economica.

struire una umanità nuova, purificata e mondata dalle incrostazioni ritenute pericolose (razziali, ideologiche, sociali) e dai residui delle società precedenti, a giustificare la soppressione di milioni di individui incolpevoli; è la convinzione di rappresentare la Storia e di accelerarne il corso con un atto di soggettivismo e di volontarismo estremo a legittimare il sacrificio di tutti i nemici individuati come ostacolo all'avvento della società futura.

Sembra logico supporre che quanto più uno stato è democratico tanto meno è incline all'uso della violenza. E vi è stato chi ha cercato di stabilire, con parametri e indicatori abbastanza complessi, la relazione tra tipi di regimi e brutalità commesse, il nesso tra grado di libertà e livello di sopraffazione. Le democrazie non sono immuni dalla violenza, e i regimi liberali hanno mostrato di poterla e saperla usare soprattutto in una logica coloniale e imperiale, o in risposta ad attacchi che mettevano in pericolo la loro sopravvivenza, in nome – cioè – di una guerra "giusta". È il caso di entrambi i conflitti mondiali per le democrazie europee, ma basta pensare alle violenze francesi in Indocina o Algeria, a quelle britanniche in India o a quelle indiane dopo l'indipendenza per rendersi conto che la democrazia non sempre è stato un antidoto sufficiente a violenze contro gruppi ritenuti diversi, nemici, inferiori.

Vi sono poi, e numericamente sono la maggioranza, regimi dittatoriali, autoritari, militari, autocratici che hanno fatto della violenza una costante per tenere i propri cittadini sotto controllo, per sbarazzarsi degli oppositori e intimidire la popolazione. Dove i militari sono andati al potere, tranne rare e provvisorie eccezioni, brutalità, tortura, violenze sono state all'ordine del giorno. I golpe che hanno segnato la storia dell'America Latina nella seconda metà del Novecento, culminati con gli anni settanta nel regime assassino di Pinochet in Cile e in quello dei *desaparecidos* in Argentina, hanno tutti utilizzato ampiamente la violenza diffusa, anche se non tutti si sono macchiati di stragi e massacri così numerosi e sconvolgenti.

L'idea di ridurre agli stati totalitari il monopolio di una violenza diffusa e distruttrice è quindi da prendere come vera solo in maniera relativa, soprattutto se si considera che nella genealogia della violenza che trova il suo culmine nel Gulag e nella Shoah è presente una componente occidentale che si è ampiamente e diversamente manifestata nei massacri coloniali e nella carneficina del primo conflitto mondiale.

L'attribuzione gerarchica della violenza operando una distinzione e divisione tra paesi democratici e non è quella che forse risponde maggiormente alla realtà, almeno in linea generale. Un altro tentativo è stato fatto facendo corrispondere all'arretratezza – sociale, economica, culturale – il più frequente e incisivo utilizzo della violenza. È questa l'interpretazione che ha accompagnato in gran parte l'analisi dei massacri in Algeria negli anni novanta, quella della violenza fanatica e religiosa dei *taliban* in Afghanistan, quella che ha martoriato e continua a martoriare il Corno d'Africa alternandosi e intrecciandosi tra Somalia ed Etiopia.

Elementi di "arretratezza", e non solo rispetto agli standard occidentali, sono evidentemente presenti in questi come in analoghi casi. Il ritardo nello sviluppo economico è certo una causa, insieme ad altre molto diverse, che ha favorito i fondamentalismi religiosi o i radicalismi etnici. Non lo è di per sé, senza che sia accompagnato dalla presenza di regimi o di élite politiche capaci di sfruttarlo e indirizzarlo verso una mobilitazione di massa (di tipo etnico, religioso) che individua in un *nemico* la causa dei propri mali. Le crisi economiche, soprattutto in un contesto di carenza di risorse, sono un terreno favorevole per rivitalizzare valori e simboli tradizionali (religiosi, comunitari, nazionalistici) vissuti come unica difesa e forza a disposizione: il rapido successo di forze etno-nazionaliste in crisi tra loro diverse – nella ex Jugoslavia come nel Caucaso, in India e Pakistan come in Medio Oriente, nelle regioni del Corno d'Africa come in quelle dei Grandi Laghi – ha seguito una successione simile e un andamento analogo.

Il carattere (totalitario, dittatoriale, autocratico) di uno stato è dunque un elemento che favorisce l'uso della violenza; così come questa sembra connaturata a movimenti politici che usano il nazionalismo (o il richiamo religioso, etnico, comunitario) per mobilitare le masse contro un nemico presentato come minaccioso e pericoloso. Ma ci sono anche società che – per il carattere della popolazione che vi abita – possono dirsi più violente di altre? È una questione delicata, che rischia di sfociare, comunque la si prenda, in posizioni con un sottofondo discriminatorio o razzista più o meno esplicito.

Cinquant'anni fa si riteneva, sulla scia dell'esperienza storica dei quarant'anni precedenti, che il popolo tedesco fosse "naturalmente" più propenso alla violenza, o per lo meno ad accettarla e praticarla per obbedienza, di quanto non fossero gli italiani o i francesi. Nel corso delle recenti guerre balcaniche si è fatto ampiamente ricorso al concetto di "odio atavico" per giustificare una violenza a cui non si volevano dare spiegazioni razionali e a cui non si cercava di porre termine in modo rapido e coerente: attribuendo al "carattere" di serbi e croati, di bosniaci e albanesi del Kosovo, la radice di una violenza che al tempo stesso spaventava e veniva rimossa.

Lo stesso si è detto per le violenze che hanno devastato l'Africa negli ultimi anni, dimenticando che si è trattato di conflitti tra loro molto diversi, con cause e andamenti solo apparentemente simili pur se con elementi certamente comuni. E più recentemente ha cominciato a circolare l'idea che essere islamici o arabi (o entrambi, confondendo sviluppi storici e geografici, religiosi e linguistici su cui la conoscenza e l'informazione sono assai carenti) predisponga alla violenza più che essere cristiano o nordamericano oppure europeo.

Ci sono civiltà, l'insieme di valori, credenze e comportamenti di popoli e gruppi sociali, che storicamente mostrano dei tratti più violenti o più propensi alla violenza di quelli di altre culture. Ci è stato insegnato, e credo s'insegni ancora, che Sparta era più incline all'uso della forza di Atene, anche se le violenze commesse da quest'ultima sono state certamente maggiori e più continuate nel tempo. Fu la Roma repubblicana – in genere considerata culla delle virtù civiche di contro al militarismo e alla corruzione che avrebbero caratterizzato l'impero – a compiere quello che alcuni, in un dibattito storico-giuridico di grande interesse, hanno definito uno dei primi se non il primo genocidio della storia, quello di Cartagine: distrutta, anche, dalle invettive di Catone il Censore, che terminava ogni suo intervento in Senato con la frase *ceterum censeo Carthaginem delendam esse.*

L'Europa, nel non lontano trentennio 1915-1945, è stato il teatro della più grossa e terribile carneficina che la storia umana abbia sperimentato: eppure gli europei si sentono – *oggi* naturalmente – un popolo propenso alla pace assai più dell'Occidente nordamericano o di altre regioni del mondo.

Gli italiani, anche se la diffusa convinzione che li dipingeva come *brava gente* ha perso negli ultimi anni la certezza e lo smalto che aveva in passato, sono più propensi a vedersi vittime della violenza altrui – di quella tedesca nelle stragi del 1944-1945; di quella jugoslava nelle foibe; di quella sovietica nei campi di prigionia – che non promotori e agenti attivi della stessa.

Qualcuno si ricorda di, ha chiesto perdono per, ha proposto di commemorare la data in cui a Debrà Libanòs, sessantasette anni fa, abbiamo trucidato oltre duemilacinquecento persone in una volta sola, evirando gli uomini e squarciando il ventre alle donne, trafiggendo i bambini con le baionette e massacrando a sangue freddo tutti coloro che in quel disgraziato 20 maggio 1937 si trovavano nel monastero cristiano copto che il maresciallo Graziani aveva deciso di punire perché colpevole, a suo dire, di avere dato asilo ai due partigiani etiopi che avevano osato compiere un attentato contro di lui?

Sono le circostanze storiche, le élite politiche al potere, le condizioni di vita e le attese in cui vive la popolazione, la presenza o mancanza di risorse che si ritengono vitali, l'identificazione di un nemico vero o presunto che si reputa minaccioso, che rendono possibile a *ogni* civiltà di compiere atti di violenza inimmaginabili al suo popolo solo pochi anni prima o dopo averli compiuti. Sono la struttura e l'ideologia degli stati che rendono le società corresponsabili o succubi delle violenze di cui saranno partecipi o complici. Certo, quanto più le credenze e i valori diffusi in una società contengono elementi di intolleranza e di discriminazione – siano essi religiosi, politici, ideologici, comunitari, culturali – tanto più per i regimi politici intenzionati a usare violenza diventa più facile convogliare parti e settori della società verso il loro obiettivo. Ed è quella cultura, in molti casi, a orientare verso una forma o l'altra di violenza, a rendere così particolare e diverso dagli altri un massacro, una strage, un genocidio.

8.

Le forme della violenza

Le forme che assume la violenza dipendono dall'obiettivo che essa si propone o dal tipo di cultura che la sottende? La scelta concentrazionaria può, da questo punto di vista, suggerire qualche risposta. I primi campi di concentramento – quelli degli spagnoli a Cuba nel 1896 e quelli degli inglesi in Sudafrica nel 1901 – nascono da un'esigenza strategica, militare: impedire che la popolazione delle campagne e la gente dei villaggi porti aiuto (con notizie, cibo, rifugio, cura) ai ribelli, alle truppe irregolari che conducono una guerra di guerriglia e quindi difficile da sconfiggere anche per eserciti di gran lunga meglio armati e più numerosi. Ma l'obiettivo è anche demoralizzare gli insorti preoccupati per la sorte delle proprie famiglie, circoscrivere la propaganda e la ribellione, ridurre le risorse e i mezzi di sussistenza per costringere i nemici alla resa.

Le vittime, in questi casi, lo sono di una violenza indiretta, non programmata anche se certamente presa in considerazione. I circa centomila morti della "riconcentrazione" cubana o i trentamila dei campi sudafricani perdono la vita per la mancanza di condizioni igieniche, di cibo e per il propagarsi di malattie non curate: sono bambini, donne e anziani coloro che soccombono per primi e in quantità maggiore.

I campi del Gulag staliniano, dove il fine era al tempo stesso la rieducazione attraverso il lavoro, il contributo coatto alla costruzione del socialismo e l'eliminazione dal corpo sociale degli individui ritenuti pericolosi per la stabilità del regime, conobbero una mortalità che variò nel tempo dal 5% al 17% annuo. Le vittime "indirette" delle condizioni inumane esistenti nel Gulag (freddo, fame, percosse, punizioni, lavoro massacrante, mancanza di cure) furono comunque di più di quelle uccise per esecuzione diretta, per lo più fucilate nel corso del Grande Terrore.

È la *forma* della violenza – il *campo* – che è responsabile della grande carneficina che accompagna gli universi concentrazionari? Se si escludono i campi di sterminio nazisti, dove forma e obiettivo coincidevano sinistramente, si può probabilmente dare una risposta positiva. Questa *forma* non è che la manifestazione concreta e quotidiana della *cultura* della violenza dei regimi che l'hanno prodotta e praticata. Una cultura del disprezzo per i nativi nel caso degli spagnoli a Cuba; un cinico funzionalismo, temperato da un blando rigore organizzativo, per quanto riguarda l'esperienza inglese sul territorio sudafricano; una fanatica concezione produttivista intrecciata alla presunzione di incarnare la Storia nel comunismo sovietico.

Sono le concezioni politiche, le identità ideologiche, le capacità tecnologiche che indirizzano a questa o a quella forma di violenza, che diventa a sua volta indicativa e caratteristica del regime che le mette in pratica. Il massacro di Debrà Libanòs, ad esempio, non è isolato e non nasce dal nulla. Nel corso del conflitto contro l'Etiopia le truppe italiane sganciarono oltre trecento tonnellate di gas, autorizzate direttamente da Mussolini, consapevole di infrangere una convenzione firmata anche dall'Italia a Ginevra nel 1925 ma determinato a usare ogni mezzo per raggiungere al più presto la vittoria. La "lezione indimenticabile" che il maresciallo Graziani volle impartire agli etiopi dopo l'attentato di cui fu vittima e da cui uscì quasi indenne, costituiva al tempo stesso una rappresaglia non diversa da quelle che i nazisti usarono nella Seconda guerra mondiale, una vendetta indiscriminata contro un popolo che non voleva arrendersi, un avvertimento di quanto poco venissero considerati i civili (compresi il clero, le donne e i bambini). L'intreccio tra ideologia razzista, demonizzazione e disumanizzazione del nemico, strumenti di distruzione tecnologicamente avanzati pur se illegali, si manifesta in Etiopia con forme di violenza diverse da quelle che avranno luogo in Jugoslavia o in Grecia.

È il contesto internazionale che, insieme a quello sociale e culturale, permette di ampliare o restringere gli spazi di arbitrio che chi commette la violenza si sente in potere di compiere. Il massacro di Londonderry, in Irlanda, compiuto dai soldati inglesi nel gennaio 1972 contro manifestanti cattolici, appartiene a una tradizione di repressione che l'Impero britannico aveva sperimentato e manifestato più volte e precedentemente in altre parti del mondo. La protesta che ne scaturì, e lo scandalo per le menzogne con cui governi e parlamenti giustificarono e coprirono per anni i responsabili, sono certo il segno di un clima cambiato rispetto a ottant'anni o vent'anni prima in Sudan e nel Kenya. Ma la *cultura* britannica non avrebbe potuto in alcun modo trattare i pur odiati irlandesi come lo erano stati i dervisci o i Mau Mau.

In realtà basta confrontare gli anni venti e trenta del Novecento con i decenni a noi più vicini per comprendere come la violenza si situi in modo differente nelle culture dell'epoca. Le carneficine e le stragi del primo conflitto mondiale – la violenza della guerra di trincea non si riduce solo alla quantità mostruosa di morti che ha provocato – fanno da sfondo alla violenza politica che dilaga in Europa, favorendo il crescere di movimenti rivoluzionari pronti a usare la violenza e lasciando isolati in un angolo minuscoli gruppi di pacifisti sognatori. Il trauma della Seconda guerra mondiale – guerra ben più *totale* e distruttiva – innesta faticosamente e contraddittoriamente, ma in modo inesorabile, i temi della pace e dei diritti che, pur se spesso dimenticati o accantonati, sono capaci di riemergere e di costituire un leitmotiv incancellabile della coscienza occidentale.

Il problema della *forma* della violenza riguarda anche, necessariamente, il livello tecnologico, la capacità distruttiva a disposizione, l'organizzazione istituzionale e umana che la permette e la costruisce. La casualità delle morti nel Gulag sovietico, ad esempio, è tale solo rispetto ai singoli individui che vi si trovano reclusi; ma non è certo casuale la repressione omicida che il regime comunista costruisce contro la società che governa. L'efficienza burocratica dei campi di sterminio nazisti, la ripetuta cadenza delle stragi di civili, la distruzione aerea a scopo intimidatorio sperimentata a Guernica nel 1937 e proseguita a Coventry nel 1940, sono *forme* di violenza che appartengono insieme alla cultura e allo sviluppo tecnologico di cui la Germania è in possesso. Ma anche il *genocidio del machete* in Ruanda, solo all'apparenza primitivo (oltre centomila uccisioni a settimana nel periodo più cruento: il tasso medio di uccisione più alto di tutto il Novecento, se si escludono i grandi bombardamenti convenzionali e atomici del secondo conflitto mondiale) è insieme *forma* di un'organizzazione sociale e di una tecnologia che fonde tradizione – il machete – e innovazione – la Radio Télévision Libre des Milles Collines, direzione politica e spontaneità.

La scelta delle *forme* di violenza, legate come sono alla cultura degli stati che la organizzano, dipende da logiche politiche, è lasciata alla discrezionalità degli apparati specializzati nell'uso della repressione, segue percorsi spontanei o almeno in parte casuali? Una delle *forme* più terribilmente nuove dell'ultimo quarto del Novecento è stata senza dubbio quella utilizzata dai generali argentini nel corso della dittatura militare del 1976-1982.

Trentamila *desaparecidos*, in larghissima misura giovani e giovanissimi, sono stati uccisi dopo arresti improvvisi, periodi più o meno lunghi di detenzione illegale, tortura continua: molti di loro con la tecnica agghiacciante del "volo", narcotizzati e gettati ancora vivi nell'oceano dall'alto di aeroplani militari. In questo caso si può solo parlare – rispetto alla *forma* della violenza compiuta – di subcultura poliziesca e militare, di sadismo esasperato da una propaganda che aveva costruito il mito della minaccia comunista, di reazione vendicativa di gruppi ignoranti e marginali contro un ceto colto che aveva osato rinnegare la retorica nazionalista della patria da salvare scegliendo in alcuni casi la lotta armata.

In realtà, in tutte le *forme* di violenza che si dipanano nel corso del Novecento, esiste sempre un intreccio tra la direttiva politica e la casualità, tra la pianificazione della violenza e l'autonomia con cui chi la perpetra tende ad attuarla, tra l'organizzazione della tortura, dei massacri, delle stragi e l'arbitrio con cui gli ultimi terminali della violenza, i diretti responsabili, portano a compimento – per obbedienza o convinzione, con rassegnazione o con entusiasmo – il loro lavoro.

Ma esistono *forme* di violenza peggiori di altre? O sembra così solo per il raccapriccio che prova la nostra sensibilità verso quei caratteri di efferatezza che anche la legislazione di ogni paese prende in considerazione per comminare le aggravanti e rifiutare le attenuanti dei delitti commessi? È la nostra cultura che ci fa pensare che l'uccisione dei *desaparecidos* argentini sia più offensiva e raggelante di altre violenze e uccisioni, o di fronte alle vittime innocenti di ogni *forma* di violenza siamo capaci di inorridire nello stesso modo?

Si era cercato, tra Otto e Novecento, di definire una sorta di tassonomia della violenza, di individuare le forme ammissibili e quelle esecrabili e proibite, creando rispetto alla guerra un corpus di leggi e convenzioni che avrebbero dovuto mitigare la necessaria violenza degli inevitabili conflitti. Dagli sforzi di Jean-Henry Dunant che portarono alla fondazione del Comitato internazionale della Croce Rossa nel 1863 fino alla Convenzione de L'Aja del 1899 "sulle leggi e le consuetudini della guerra per terra", dai Trattati sulle minoranze alla Conferenza della pace di Parigi del 1919 fino alle Convenzioni di Ginevra tra le due guerre e infine alle quattro Convenzioni del 1949, i tentativi di proteggere i diritti umani, e quindi di dare una *forma* riconosciuta e delimitata alla violenza, hanno accompagnato una delle epoche più tragicamente violente della storia umana. La forma, in questo caso, si riferiva essenzialmente alle vittime, difese in quanto civili, feriti o prigionieri di guerra, che si voleva proteggere da modalità "eccessive" o "gratuite" di violenza. Ma la violenza di guerra "normale" esiste, o rappresenta un'illusione dietro cui si è trincerato l'Occidente nauseato dopo la Seconda guerra mondiale dalla sua stessa sconvolgente violenza?

9.

C'è differenza tra guerra e genocidio?

Ci sono immagini fotografiche delle vittime del bombardamento di Dresda, avvenuto il 13 febbraio 1945, in cui se non fosse per i corpi vestiti e meno scheletrici si potrebbe pensare di stare osservando una fotografia scattata ad Auschwitz o in un altro dei campi di sterminio nazisti. Fra i trentacinquemila e i centocinquantamila morti in due giorni – secondo stime che ancora oggi fanno discutere – furono il risultato delle bombe incendiarie sganciate da settecento bombardieri inglesi e cinquecento americani sulla città medievale che era stata fino ad allora risparmiata dagli attacchi aerei. Un mese dopo Winston Churchill decise di rivedere la politica del "terror bombing" sulle città tedesche e raccomandò al comandante dell'aviazione di concentrarsi su obiettivi militari, per evitare di conquistare un paese completamente distrutto.

Il bombardamento di Dresda è ancora oggi il simbolo della violenza eccessiva e immotivata di chi sta combattendo una guerra giusta, ed è un'esperienza sottoposta a continue discussioni e approfondimenti, dal terreno strategico a quello morale. I risultati pratici, dal punto di vista militare, dei bombardamenti aerei su popolazioni e abitazioni civili, era ormai risaputo che fossero vicino allo zero: era stato così nel corso della Battaglia d'Inghilterra, quando erano stati i bombardieri della Luftwaffe a cercare di fiaccare il morale della popolazione con i bombardamenti di Londra e Coventry. Sono essi, nel corso del conflitto, i responsabili della morte di milioni di civili non impegnati direttamente in guerra.

È questo che fa dei bombardamenti aerei – nel corso della Seconda guerra mondiale vi furono episodi analoghi o addirittura più drammatici di Dresda, come il bombardamento di Tokyo – o ancor più della distruzione atomica di Hiroshima e Nagasaki l'essenza stessa della guerra totale. Non è solo e tanto il maggiore coinvolgimento dei civili nel conflitto, la mortalità crescente di cui sono vittime (più della metà), l'allargamento del teatro del conflitto all'insieme del territorio nemico; è piuttosto l'equiparazione e la perdita di distinzione tra militari e civili, l'individuare l'intera società avversaria come nemico da distruggere a rendere bersaglio privilegiato per la vittoria militare proprio la popolazione civile.

Tutti insieme, questi e altri episodi tragici di cui si è perduta o annebbiata la memoria, ripropongono una tematica che s'intreccia inevitabilmente con quella della violenza intenzionale e della distruzione di un gruppo (nazionale, etnico, religioso, razziale) ritenuto più ostile e pericoloso degli altri, che è al cuore del dibattito sui genocidi.

Ma è possibile, sul piano storico oltre che su quello morale, comparare questi diversi tipi di violenza, mettere a confronto guerra e genocidio?

In una mostra inaugurata tra accese polemiche al National Air and Space Museum di Washington nel 1995, si leggeva che "l'uso della bomba [atomica] portò alla resa immediata del Giappone e rese inutile la prevista invasione terrestre [...] che avrebbe potuto causare forti perdite tra le truppe americane e alleate e tra i militari e civili giapponesi. Si riteneva altamente improbabile che il Giappone, per quanto in una situazione militare debolissima, si sarebbe arreso senza una simile invasione".[1]

Il maresciallo Robert Saundby, responsabile del Bomber Command britannico nel 1945, commentò in seguito in questo modo la tragedia di Dresda cui aveva contribuito: "Non

[1] http://www.nasm.si.edu/galleries/gal103/gal103_former.html

è tanto questo o altri mezzi di fare la guerra che sono immorali o disumani. Quello che è immorale è la guerra in se stessa. Una volta che una guerra globale è scoppiata non può più essere umanizzata o civilizzata, e se una parte tentasse di farlo sarebbe con ogni probabilità sconfitta".[2]

È necessario, allora, separare l'analisi delle violenze di massa, dei massacri e dei genocidi, da quella delle stragi compiute in guerra, soprattutto nelle guerre *totali* del XX secolo? In uno dei giudizi più lucidi e coerenti del bombardamento di Dresda, sia pure in forma di romanzo e con quella forte ironia che contraddistingue tutti i suoi testi, lo scrittore Kurt Vonnegut jr ha raccontato il punto di vista di un prigioniero di guerra americano che si trova nella città tedesca bombardata. Così si legge alla fine di *Mattatoio n. 5*: "Quella mattina in vari angoli di Dresda affluirono prigionieri di guerra di diversi paesi. Erano stati scelti i posti dove si doveva cominciare a scavare per trovare i corpi. E gli scavi cominciarono. [...] Furono aperte, qua e là, centinaia di miniere di cadaveri. In principio non puzzavano, erano musei delle cere. Ma poi i corpi cominciarono a corrompersi e a liquefarsi, e c'era un odore di iprite e di rose. [...] E poi venne la primavera. Le miniere di cadaveri furono chiuse. Tutti i soldati andarono a combattere i russi. Nei sobborghi, le donne e i bambini scavavano trincee. Billy e gli altri del suo gruppo furono rinchiusi in una stalla. E una mattina si alzarono e scoprirono che la porta era aperta. La Seconda guerra mondiale in Europa era finita".[3]

I genocidi, tuttavia, hanno con la guerra un legame assai stretto, anche se non necessariamente di dipendenza. Il genocidio armeno è stato possibile nel contesto della Prima guerra mondiale e quello ebraico della Seconda. La negazione della persecuzione e distruzione degli armeni, che la Turchia ufficiale ha continuato e continua a sostenere, ha trovato la propria giustificazione proprio nella situazione bellica in cui es-

[2] Citato in Williamson Murra, *War in the Air 1914-1945*, Cassell Military, London 2002, p. 133.

[3] Kurt Vonnegut, *Mattatoio n. 5*, Feltrinelli, Milano 2003, pp. 194-196.

sa è avvenuta. Gli armeni sono stati e sono considerati di volta in volta vittime e/o fomentatori di una guerra civile resa possibile dalla crisi in cui versava l'Impero ottomano dopo l'ingresso in guerra. Ritenuti responsabili di favorire l'avanzata dell'esercito russo sul fronte orientale, gli armeni sarebbero stati posti in condizione di non nuocere (disarmati e poi deportati verso luoghi sicuri) e la mortalità di cui sarebbero stati vittime, ben inferiore alle cifre stabilite da tempo dalla documentazione storica disponibile, andrebbe attribuita alle dure condizioni di guerra cui soccombettero, e in numero ancora maggiore, gli stessi cittadini turchi.

Se la violenza della guerra è la giustificazione (e negazione, perché ridotta a essa) della violenza genocidiaria, è inevitabile che questi due modi pur diversi di distruzione del nemico vengano messi a confronto. La guerra è al tempo stesso terreno di coltura e giustificazione del genocidio. È nel corso della guerra che la paranoia nei confronti del nemico, la destabilizzazione della società, il livello di violenza e miseria che ne sono corollario, la potenza tecnologica e organizzativa dispiegate, favoriscono una mobilitazione propagandistica a supporto del governo legittimo, che incarna la patria e la nazione. Per quanto orrore possa ispirare *dopo*, il genocidio non suscita una reazione di massa presso i cittadini che sono chiamati a esserne complici attivi o passivi, ma neppure uno scandalo internazionale capace di porre come priorità assoluta il fermarlo con ogni mezzo.

Le misure militari che portarono al genocidio degli Herero vennero votate nel Reichstag tedesco perfino dai deputati socialisti; le informazioni allarmate e dettagliate che i diplomatici occidentali (l'ambasciatore americano Henry Morgenthau e con lui il console italiano a Trebisonda Giacomo Gorrini, oltre che il pastore tedesco Johannes Lepsius) diedero sui massacri degli armeni che inaugurarono la violenza genocidiaria del 1915 non vennero prese in alcuna considerazione dalle potenze dell'Intesa né durante né dopo la guerra; le notizie fatte giungere nelle cancellerie occidentali con difficoltà e pericolo sul progetto di sterminio degli ebrei da parte del nazismo non modificarono in nulla i piani bellici dei comandi alleati; la denuncia degli orrori perpetrati dai Khmer rossi venne presa sul serio (e non certo per motivi umanitari) solamente dal governo vietnamita; in Ruanda si negò l'esistenza di un genocidio per non vedersi costretti a intervenire. Al primo posto sono sempre state le necessità della guerra (nel caso dei due conflitti mondiali) o del non intervento in una guerra da cui si voleva stare lontani (in Africa e Indocina) a fare aggio sul dovere di bloccare (o cercare di mitigare) il genocidio in corso.

Per certi aspetti la negazione turca del genocidio armeno e la difesa americana dei bombardamenti su Hiroshima e Nagasaki appartengono alla stessa reazione psicologica. Almeno per quanto riguarda la convinzione di dover porre al primo posto la sconfitta del nemico con ogni mezzo, anche il più feroce se necessario ad affrettare i tempi e risparmiare la vita dei propri soldati e concittadini. Diversa, ovviamente, è la base storica e oggettiva da cui si è originata questa reazione, diversa la natura degli scopi individuati e delle decisioni prese, diverse le motivazioni e i risultati con cui le due memorie si confrontano; e diverso il modo (impedito, rimosso e censurato da una parte, aperto e problematico dall'altra) con cui ci si confronta pubblicamente sulle azioni compiute.

È paradossale e provocatorio, naturalmente, mettere a confronto la violenza di guerra, soprattutto se commessa da chi è stato costretto a entrare in guerra per contrastare la violenza dell'invasione, della sottomissione e della distruzione umana, con quella esplicata nel suo livello più efferato e brutale, quello del genocidio. Ma è possibile, allora, ridurre il problema della violenza alla questione della guerra "giusta" o addirittura a quella della morale del vincitore?

All'indomani della Seconda guerra mondiale – il conflitto che aveva visto intrecciarsi il genocidio più estremo e la violenza bellica più distruttiva – ebbe luogo un ripensamento globale (giuridico, politico, morale) nei confronti della violenza, che non coinvolse però i comportamenti e le azioni dei vincitori e che si modificò rapidamente nel contesto nuovo della Guerra fredda e della deterrenza atomica. Per quanto a volte ignorati o rimossi per le esigenze nuove di una politica internazionale fondata sulla necessaria coesistenza pacifica di due sistemi contrapposti e nemici assoluti, i principi e i valori emersi nella rinascita occidentale che fece seguito alla guerra hanno permesso di ripensare alla violenza in termini diversi e con possibilità nuove. È su quella base – riassunta nella Dichiarazione universale dei diritti umani e nella Convenzione per la prevenzione e la punizione del genocidio del 1948 – che è stato possibile comprendere e analizzare il genocidio ebraico nella sua complessità e riappropriarsi del genocidio armeno, ma anche riflettere e ripensare alle violenze commesse "dalla parte giusta", alla loro utilità concreta e legittimità morale. Il nuovo contesto ha modificato l'idea stessa di guerra, e un po' alla volta gli stessi conflitti concreti che da allora sono avvenuti.

10.

Il contesto della violenza

Attribuire le cause della violenza *prevalentemente* all'ideologia di coloro che l'hanno praticata è il modo più comune per spiegare cosa sia avvenuto. È una risposta semplice e anche tranquillizzante, perché permette di capire – o, meglio, di ritenere di avere capito – qualcosa che pare sfuggire alla comprensione e alla ragione. Non sembra ci possano essere motivi razionali dietro i milioni di morti sovietici finiti nel Gulag per volere di Stalin; né dietro la distruzione degli ebrei da parte di Hitler o dietro la follia "autogenocidiaria" di Pol Pot. Individuare le radici di quelle tragedie nell'ideologia (quella *comunista* di Stalin, quella *razzista* di Hitler, quella ferocemente antimoderna e *livellatrice* di Pol Pot) permette di raggiungere una interpretazione plausibile, una comprensione soddisfacente.

Eppure, la spiegazione *ideologica* della violenza non può che restare alla superficie della questione, rispondendo al bisogno psicologico di trovare un movente più che alla necessità analitica di comprendere le cause di un evento storico. L'ideologia, naturalmente, esiste e ha un grande rilievo nella formazione di comportamenti e atteggiamenti che concorrono a creare quella cultura della violenza senza cui nessun massacro, strage o genocidio ha la possibilità di concretizzarsi. Essa, tuttavia, è una causa insieme ad altre, in alcuni casi più importante e decisiva e in altri meno, sempre presente, tuttavia, e decisiva per forgiare la risolutezza dei massacratori, la disponibilità dei complici e l'acquiescenza degli spettatori.

Anche l'ideologia, tuttavia, acquista forza e dimensione di "causa" non per se stessa (nella storia del Novecento ci sono stati regimi comunisti, fascisti o razzisti che non si sono macchiati di genocidi, anche se non sono stati certo immuni da violenze di massa), ma quando è calata nel *contesto* appropriato, quello capace di creare il cortocircuito che porta a ciò che verrà poi definito inimmaginabile, impensabile, inconcepibile. La violenza, così sembra suggerire la storia, può scoppiare sempre e ovunque: è il contesto che la rende semplice e naturale lì dove poco prima sembrava inattuale e lontana o addirittura impossibile.

La guerra, naturalmente, è il contesto ideale per commettere violenze di ogni tipo. Può sembrare paradossale parlare della guerra – che *è* violenza assoluta – come contesto di violenze ancora peggiori. Eppure è quello che è sempre successo: è nel corso di guerre, anche del passato, che si sono avuti saccheggi, distruzioni, stupri di massa e violenze gratuite su bambini e anziani; ed è nel corso delle guerre *totali* del Novecento che si sono create le condizioni perché fosse possibile bombardare e radere al suolo città intere, uccidere migliaia di persone in pochi attimi, commettere genocidi.

Gli armeni erano già stati oggetto di persecuzioni e violenze all'interno dell'Impero ottomano, alla fine dell'Ottocento e ai primi del Novecento. Ma è solo il contesto della Prima guerra mondiale – un *contesto* in cui la paura che gli armeni aiutino i russi s'intreccia con il desiderio decennale di liberarsi di una comunità vissuta come pericolosa e ostile; in cui l'ideologia nazionalista del panturanesimo[1] si coniuga con le necessità dei turchi recentemente immigrati dai territori perduti dall'impero; in cui lo shock dello sbarco alleato a Gallipoli fa tutt'uno con la cultura militarista presa in prestito dalla Germania guglielmina – che spinge il triumvirato dei Giovani tur-

[1] Ideologia che rivendicava la necessità di unificare tutti i territori abitati da popolazioni turche in un forte stato centralizzato.

chi a prendere la decisione del massacro e deportazione degli armeni. Ed è quel contesto che indirizza il genocidio nelle forme che assume e che lo rende di fatto possibile.

Le deportazioni delle minoranze nazionali dell'Unione Sovietica (tatari, ceceni, ingusci, tedeschi del Volga) nel corso del 1944 sono motivate da esigenze di guerra (presunta scarsa fedeltà di quei popoli) e le cruente modalità con cui avvengono sono possibili per il contesto bellico che le circonda. Perfino una violenza "minore" come quella della reclusione in campi di prigionia degli americani di origine giapponese nel corso della Seconda guerra mondiale – un fatto di cui si inizierà a parlare solamente negli anni ottanta – nasce ed è resa possibile dal contesto di mobilitazione in cui s'inseriva, quando paura e sicurezza diventano priorità assolute rispetto a giustizia e libertà.

Un capitolo particolare nei *contesti* di guerra lo meriterebbero le guerre civili, terreno quasi sempre di violenze di massa e atti di crudeltà e ferocia tanto più terribili in quanto commessi contro "nemici" con cui si è a lungo convissuto in pace, condividendo il cammino storico, la cultura, l'identità nazionale. Non è un caso se molti studiosi ritengono che il primo esempio di guerra *totale* sia da rintracciare nella Guerra civile americana, dove massacri di civili si intrecciarono alla violenza degli eserciti e dove la difficoltà a distinguere l'amico dal nemico – in senso fisico, soprattutto negli stati di confine, e in senso più generale per le motivazioni e le modalità del conflitto – favorì un ciclo di uccisioni, rappresaglie e vendette che contribuì non poco all'alto numero di vittime di quella guerra.

Nella Guerra civile spagnola, il contesto storico di accese lotte sociali, brutali repressioni statali, presenza prepotente e oppressiva della Chiesa, ribellioni violente e radicato anticlericalismo fa da sfondo alla contrapposizione tra lealisti repubblicani e militari insorti che divide in due il paese e la società. Ed è alla base di molte delle violenze – e del *tipo* di violenza – che avvengono nei due campi, come dimostrano fra gli altri gli episodi di Badajoz e di Lérida. A Badajoz, conquistata dai soldati del *Tercio* e dai *Regulares* dopo un'accanita resistenza repubblicana, duemila persone furono passate per le armi perché sospettate di appartenere al campo nemico, a volte con il semplice indizio della spalla destra della giacca lucida, per il probabile sfregamento del fucile. A Lérida, durante il trasferimento di un centinaio di religiosi rinchiusi nel carcere locale, un gruppo di miliziani armati li intercettò e li fucilò lungo il muro di cinta del cimitero.

La guerra totale, quella tra nazioni come quella civile, si fonda su due postulati che sono segno di una violenza terribile: l'equiparazione dei civili ai militari e la propensione a sterminarli senza alcuna remora; la possibilità di largo sacrificio dei propri stessi concittadini (militari e civili) se questo dovesse servire all'annientamento del nemico. Gli inutili massacri delle grandi battaglie che hanno insanguinato la Prima guerra mondiale (Marna, Tannenberg, Somme, Gallipoli, Verdun, Isonzo) sono stati anche il frutto dell'insipienza dei comandi militari, dell'ottusità burocratica che riteneva vitale la conquista simbolica di una roccia o di una striscia di terra; ma è il contesto culturale che ha accompagnato la mobilitazione nazionale a rendere tollerabile e quasi desiderabile (come se fosse un segno di patriottismo più intenso) il sacrificio inutile di centinaia di migliaia di giovani e giovanissimi.

Il numero delle vittime "amiche" dei bombardamenti alleati nel corso della Seconda guerra mondiale (ad esempio a ridosso dello sbarco in Normandia), per non parlare di quelle considerate nemiche pur essendolo solo in parte (le città italiane del Centro-nord), è qualcosa che si è cominciato solo da pochi anni a documentare, studiare e discutere. Quelli che nelle guerre degli ultimi anni, dove l'attenzione a minimizzare le vittime proprie ma anche del nemico è diventata elevata, si chiamano "effetti collaterali" o "danni involontari", nel corso dei due conflitti mondiali hanno raggiunto cifre da mettere accanto a quelle di stragi e massacri consapevoli.

Se la guerra è il contesto più consono allo sviluppo di pratiche violente, lo sono in modo rilevante anche i regimi che della violenza hanno fatto una bandiera o che dalla violenza sono sorti e con la violenza si mantengono al potere. I regimi totalitari in primo luogo, e quelli dittatoriali e militari subito dopo. Se gli universi concentrazionari sono una caratteristica intrinseca ai totalitarismi – pur con le differenze che vi sono tra loro e all'interno degli stessi durante la loro esistenza – è il contesto creato dai golpe, il clima di controllo e repressione militare sull'intera società a rendere indispensabile – e a farlo ritenere tale – l'uso della violenza contro oppositori veri e presunti, a voler mettere in catene (metaforicamente o concretamente) una parte non indifferente della società.

Il contesto è un elemento cruciale anche per lo scatenamento della violenza, per prepararla e renderla accettabile e giustificabile. In una situazione di terrore e violenza che aveva un andamento quasi endemico ormai da diversi anni, a Stalin fu necessario inventare o approfittare dell'assassinio di Kirov (sulle responsabilità dirette del dittatore georgiano non ci sono ancora documenti chiarificatori) per scatenare il Grande Terrore che sconvolse ancor più l'Unione Sovietica tra il 1935 e il 1938. Il massacro dei comunisti indonesiani fu reso possibile dal contesto di un tentativo di colpo di stato messo in atto dagli stessi (malamente e parzialmente realizzato o solo ipotizzato poco importa) nel 1965. L'incidente del Golfo del Tonchino, creato appositamente dall'Amministrazione Johnson nell'estate del 1964, crea le premesse – il *contesto* – per dare inizio ai bombardamenti del Vietnam del Nord e in seguito all'invio di truppe di terra nella penisola indocinese.

Ci sono occasioni per la violenza, ma esse sono rese operative solo dalla presenza di un contesto adeguato. È sul terreno del contesto che il potere gioca la sua partita per legittimare l'uso della violenza, per mobilitare le masse a eseguirla o appoggiarla, per discolparsi in anticipo attraverso propaganda e menzogne che il contesto sembra rendere accettabili. Il contesto costituisce spesso l'occasione della violenza, rendendola esplicita o addirittura creandola. Ma una volta che la violenza è iniziata essa continua a manifestarsi per sentieri e con logiche proprie, che ne modificano se non la natura certo le modalità con cui si presenta e si attua. Il contesto può influenzare le forme che assume la violenza, ma può determinare anche il livello su cui essa si attesta. Di questo contesto fa parte ineliminabile la cultura dominante e diffusa, l'educazione e il riconoscimento della violenza come valore, o al contrario la sua messa al bando in nome di principi opposti.

Ma occorre anche interrogarsi sull'esistenza di un contesto in cui la violenza possa essere necessaria, giustificata o addirittura auspicabile; e capire a cosa essa possa comunque dar luogo.

11.

Le tappe della violenza

Il 15 agosto del 1937 aerei giapponesi iniziarono a bombardare Nanjing (Nanchino), la capitale della Cina. Il 13 dicembre truppe dell'esercito giapponese entrarono nella città e la conquistarono. Per circa un mese i soldati del Sol Levante si abbandonarono a violenze inaudite: i morti tra i civili cinesi furono circa trecentomila, decine di migliaia le donne stuprate, vecchi e bambini squartati con le baionette, uomini torturati, intere famiglie bruciate. Questo evento, che in seguito è divenuto noto come il *massacro di Nanchino* o come lo *stupro di Nanchino*, è stato al centro di un dibattito pubblico (politico, storiografico, giudiziario) che ha accompagnato la storia del Giappone per tutta la seconda metà del Novecento.

Nell'accesa polemica tra chi voleva negare o comunque ridimensionare la violenza commessa e chi sosteneva la necessità di fare piena luce sull'accaduto (una polemica che ha contrapposto spesso le *vittime* cinesi e gli *esecutori* giapponesi ma che ha diviso anche all'interno sia la storiografia sia l'opinione pubblica dei due paesi), il ruolo principale l'ha avuto la raccolta di prove documentarie e di testimonianze per ricostruire la realtà e la portata dell'accaduto, e secondariamente le considerazioni sui motivi che hanno reso difficile creare una coscienza collettiva e un comune riconoscimento di questo evento.

Meno si è dibattuto sulle cause e sulle tappe di questa violenza, divenuta simbolo della condotta oltraggiosa dell'esercito giapponese durante la guerra e del martirio della Cina sottomessa all'imperialismo nipponico. Gli storici che si sono spinti più avanti nella comprensione del massacro di Nanjing hanno sottolineato l'importanza di inserire questo evento dentro il contesto dell'invasione militare giapponese della Cina; e si sono interrogati sulla natura dell'imperialismo militarista giapponese e sulle specificità della cultura di cui esso si nutriva.

Le tappe della violenza, anche di un episodio abbastanza circoscritto come quello di Nanjing, non si esauriscono nella dinamica con cui essa si concretizza o nelle forme in cui si manifesta. Ci sono momenti antecedenti, apparentemente scollegati dall'uso della violenza, che sono tappe preliminari al suo rivelarsi nel processo storico. Il nazionalismo radicale che si manifesta in Giappone negli anni trenta e che coinvolge tanto le gerarchie militari quanto le organizzazioni civili, si fonda su un senso di diffusa superiorità dai tratti sempre più apertamente razzisti e su una forte coscienza dell'identità nazionale che s'intreccia con il richiamo ai valori tradizionali, al culto della gerarchia e dell'obbedienza, alla sacralità dell'imperatore. È questo senso di superiorità nazionale e razziale, frutto dell'educazione e della propaganda dell'ultimo decennio, che, unito al mito dell'ubbidienza e alla certezza dell'impunità, costituisce la prima tappa di quelle atrocità di guerra che troveranno a Nanjing l'esempio più rimarchevole ma non certo unico.

L'importanza dell'educazione all'odio etnico e alla superiorità razziale nella violenza commessa è stata esemplificata con il caso di un sergente giapponese, responsabile di avere stuprato e ucciso numerose donne nel corso del massacro, divenuto improvvisamente impotente dopo avere appreso che una delle donne violentate era in realtà giapponese. Il disprezzo per gli altri popoli asiatici non era in contraddizione con il senso di onore e di fedeltà verso la propria razza. Il contesto di una guerra brutale e il peso di un'educazione all'odio etnico e al disprezzo per i popoli vicini, hanno trovato nel caso di

Nanjing (come in moltissimi altri episodi nel corso di conflitti, fino alle guerre balcaniche degli anni novanta) un elemento di accelerazione e di esasperazione nel senso di assoluta superiorità maschile verso le donne condiviso dalla cultura dominante e particolarmente sentito all'interno dell'esercito.

Che una cultura maschilista, dove il pregiudizio sull'inferiorità della donna si accompagna al desiderio di supremazia sessuale su di lei, sia una tappa importante nella dinamica della violenza, lo dimostrano esempi diversi per tempo, contesto, civiltà di riferimento. Qualcuna ha anche suggerito che *ogni* violenza trova una qualche radice nell'universo maschile e nel piacere che esso manifesta nell'uccidere.[1] È una tesi estrema che non sembra trovare giustificazione nella realtà storica, dove gran parte degli atti di violenza di massa commessi sfuggono a una chiara connotazione sessuale o sessista. Ma è pur vero che in molti casi la cultura della sopraffazione maschile sulle donne accompagna e caratterizza alcuni degli episodi più cruenti del XX secolo.

Nella dinamica della violenza che ha insanguinato la ex Jugoslavia negli anni novanta, una tappa importante è costituita dalla costruzione dell'identità serba attorno alla mitologia del pericolo di una congiura genocidiaria antiserba simboleggiata dalla Battaglia del campo dei merli (1389)[2] e riproposta come ricorrenza di mobilitazione. La violenza che i serbi dispiegano contro i croati e poi soprattutto contro i bosniaci tra il 1992 e il 1995 e più tardi contro gli albanesi del Kosovo, trova una modalità particolare di manifestarsi con lo stupro etnico di massa che esprime l'intreccio tra quella particolare e fanatica cultura identitaria e nazionalista e il retaggio di una cultura maschilista largamente prevalente e ancora diffusa. In un contesto assai diverso, quello del Ruanda de-

[1] Cfr. Joanna Bourke, *An Intimate History of Killing. Face-to-Face Killing in 20th Century Warfare*, Granta, 1999.

[2] *Kosovo Polje*, che in serbo vuol dire "campo dei merli" fu il luogo della battaglia in cui l'emiro ottomano Murad sconfisse il principe serbo Lazar e i suoi alleati, aprendo la strada alla conquista ottomana della Serbia che terminò cinquant'anni dopo con la conquista di Belgrado da parte di Solimano il Magnifico.

gli stessi anni, lo stupro spesso seguito dall'uccisione delle donne tutsi da parte dei massacratori hutu è un segno ulteriore di come il fattore culturale, l'educazione e i valori tradizionali, siano una tappa importante nella declinazione della violenza secondo modalità diverse.

Nel caso del massacro di Nanjing si può dire che le tappe della violenza sono scandite dalla logica della guerra d'invasione condotta dal Giappone contro la Cina, e che le forme terribili che la violenza assunse nella capitale cinese trovavano le loro radici nelle tappe educativo-culturali che avevano costruito l'identità collettiva giapponese negli anni trenta. Ma attraverso quali tappe si passa, in Bosnia o in Ruanda, da una situazione di pacifica convivenza e cultura apparentemente comune e condivisa, a una violenza aspra e sanguinaria che si manifesta proprio quando una nuova "cultura dei diritti" sembra affacciarsi sulla scena internazionale?

A prima vista può sembrare che la violenza cresca caotica e indiscriminata, ma non è così. Gruppi paramilitari si sono organizzati da tempo: le Tigri di Arkan e i *Knjindje* di Dragan in Serbia, le Zebre e le Legioni nere in Croazia, le milizie *interahamwe* e *impuzamugami* in Ruanda costituiscono la forza d'urto del potere politico cui fanno riferimento il governo di Milošević in Serbia e di Tudjman in Croazia, quello di Habyarimana e del suo clan familiare in Ruanda. L'uso del terrore e le atrocità crescenti (stupri, torture, massacri, campi di concentramento) dovrebbero servire nella ex Jugoslavia a indurre le popolazioni di etnia avversa ad abbandonare i paesi conquistati; in Ruanda a spingere gli Hutu moderati a partecipare anch'essi alla mattanza dei Tutsi, destinati a soccombere in quanto tali. Ma c'è un ovvio elemento di intolleranza, di disprezzo, di volontà di distruzione e annichilimento che è il frutto delle campagne di odio e mobilitazione contro il nemico che si sono dispiegate nei mesi e negli anni precedenti. La propaganda della Radio Télévision Libre des Milles Collines o dell'Accademia delle Scienze di Belgrado ricrea in modo mitico una identità etnica più presunta che reale, comunque costruita nel tempo, e fa percepire il conflitto con il "nemico" come fondato sul passato e gravido di ineluttabilità storica. È una politica di simboli, di emozioni, di valori astratti e di sentimenti irrazionali, che assicura una sorta di legittimazione morale e di giustificazione pratica alla violenza, percepita sempre – anche nei suoi aspetti più sanguinari e gratuiti – come risposta a una minaccia incombente, al rischio di perdere il proprio territorio, potere, libertà se l'avversario dovesse prevalere.

Ci sono *tappe*, nella dinamica della violenza, che sembrano rispondere a una logica propria e inarrestabile, almeno per un certo periodo. *Escalation* è un termine, divenuto di uso comune non solo nella lingua inglese, che sintetizza significativamente questo processo. Nella Guerra del Vietnam, quando questo sostantivo ha trovato la sua diffusione e fortuna, *escalation* ha significato un incremento crescente dei bombardamenti aerei sul Vietnam del Nord e un invio di truppe più numerose sul territorio del Vietnam del Sud da parte dell'Amministrazione americana. Una strategia responsabile della stragrande maggioranza delle vittime civili di questo conflitto, ma anche di alcuni episodi di efferata brutalità commessi da alcuni reparti di marines, come quelli avvenuti a My Lai e Son Thang. L'incapacità di vincere sul terreno tradizionale – e quindi nei limiti, pur terribili, accettati e messi in conto al momento dell'inizio delle operazioni belliche – spinge a trovare in una recrudescenza della violenza e in una aumentata minaccia alla società civile la via per costringere le autorità militari nemiche alla resa e alla sconfitta.

È la stessa logica – quella di terrorizzare i civili e di fiaccarne il morale con la presunzione di accelerare la disfatta del regime di cui sono sudditi – che aveva contraddistinto alcuni aspetti della guerra *totale*, primo fra tutti quello dei bombardamenti aerei della popolazione civile. Ed è la logica che spinge inesorabilmente verso il *limite* del genocidio tutte le violenze che hanno una forte impronta nazionalistica, una rivendicazione identitaria assoluta e un carattere etnico marcatamente esibito.

La fine della violenza risponde anch'essa a qualche logica

prevedibile, o ha luogo solo con una evidente e chiara vittoria di una parte sull'altra? Ha un legame con il fine prefissato e raggiunto (o fallito), o risponde anche a criteri di insopportabilità, saturazione, impraticabilità ulteriore? La violenza genocidiaria nazista è stata interrotta dall'avanzata alleata; quella del regime khmer rosso in Cambogia dall'intervento militare vietnamita; anche nel caso del genocidio armeno o di quello in Ruanda l'avanzata nemica ha contribuito a porre termine alle violenze; ben diverso però è stato il ridimensionarsi del Gulag in Urss o la fine dell'apartheid in Sudafrica.

12.

Tutte le violenze si possono giustificare?

Quando la violenza ha termine, in modo apparentemente spontaneo e naturale o per l'intervento deciso di una forza esterna, sembra impossibile capacitarsi di quanto è accaduto. Gli stessi osservatori presenti alle violenze, e in alcuni casi gli stessi collaboratori o gli stessi responsabili diretti, sembrano sinceramente stupefatti della misura, ampiezza, profondità e intensità dell'evento violento appena concluso. I cittadini abitanti vicino a Dachau o Auschwitz, costretti dalle autorità alleate a visitare i campi dove per anni venivano reclusi e uccisi gli ebrei e le altre minoranze condannate allo sterminio, mostravano una sorpresa a volte sincera, tanta era stata la capacità di rimozione che avevano provato e la coltre di ambiguità con cui il regime era riuscito a gestire l'universo concentrazionario.

Non è mai stato facile conoscere i livelli toccati dalla violenza, soprattutto quando i mezzi di comunicazione non avevano ancora raggiunto la capillarità e rapidità di propagazione degli ultimi vent'anni. Innanzitutto perché i colpevoli della violenza hanno sovente fatto di tutto per nasconderla o minimizzarla, utilizzando spesso il contesto in cui essa era stata perpetrata (guerre, conflitti, agitazioni) e le difficoltà oggettive di trasmissione delle informazioni. Le voci raccolte e i racconti fatti da chi era riuscito a sfuggire alla reclusione non si dimostrarono sufficienti perché fosse creduta davvero in corso la distruzione degli ebrei da parte delle autorità militari e politiche e dell'opinione pubblica dei paesi alleati. E anche quando si riuscì a sapere di più e ci si convinse a crederlo, la realtà che si presentò ai liberatori fu comunque sempre di gran lunga più terribile delle peggiori ipotesi e immaginazioni.

Anche dopo l'intervento militare vietnamita che pose fine al genocidio cambogiano, furono in molti a differire il riconoscimento di una verità che era adesso possibile a tutti verificare. Noam Chomski attese quasi vent'anni, come il proprio governo che accusava quotidianamente di manipolazione dell'informazione, per riconoscere apertamente e senza mezzi termini che i Khmer rossi avevano davvero commesso un genocidio. Le difficoltà da parte di una fetta non indifferente dell'opinione pubblica a prendere atto della natura e della dimensione del fenomeno Gulag nell'Unione Sovietica hanno avuto ben poco a che fare con le reali fonti d'informazione e di documentazione che era possibile ottenere fin dai tempi dello stalinismo trionfante.

La mancanza di una documentazione ufficiale da parte governativa, tenuta pervicacemente nascosta dalle autorità, ha reso più facile a diverse generazioni di cittadini turchi di ritenere inventate o comunque largamente esagerate le notizie del genocidio armeno diffuse dai sopravvissuti e dai loro discendenti ma anche da testimoni occidentali che avevano da subito informato senza successo il mondo di quanto stava accadendo. Il massacro di Debrà Libanòs, in Etiopia, è ancora del tutto ignoto alla larghissima maggioranza degli italiani e solo il coraggio e l'anticonformismo di pochi soldati americani hanno permesso di venire a conoscenza – e *credere* – ai massacri di My Lai o di Son Thang. Perché diventasse *verità* la versione delle vittime del massacro di Londonderry ci sono voluti quasi trent'anni, e ancora fino a pochi anni fa molti giapponesi negavano il massacro di Nanjing – attribuendolo all'invenzione dei cinesi o degli occidentali – sulla base del fatto che all'epoca nessuno ne aveva parlato. Soltanto adesso, in Italia, si ha una conoscenza diffusa, per quanto schematica e certo ancora insufficiente, delle foibe, le caverne carsiche dove migliaia di italiani – accusati di essere stati responsabili o in collusione con il fascismo – vennero gettati spesso ancora vivi dall'esercito partigiano jugoslavo guidato da Tito. Le testimonianze dei sopravvissuti e dei parenti delle vittime, gli studi di storici e specialisti, furono per decenni insufficienti a far diventare una verità condivisa questi massacri, negati a lungo e successivamente rimossi e ignorati dall'antifascismo di ispirazione comunista.

La difficoltà a conoscere e ancor più a riconoscere la violenza, a crederla possibile e a credere che qualcuno l'abbia potuta commettere nella misura in cui si è dispiegata nella storia e continua a manifestarsi, s'intreccia inevitabilmente e pericolosamente con il problema della sua *giustificazione*. Giustificazione nel senso di spiegazione, comprensione, analisi dei motivi che l'hanno resa possibile; e nel senso di scagionare, scusare, assolvere o addirittura difendere. Per entrambi i modi con cui si può usare il termine *giustificazione* vi sono, naturalmente, gradi diversi e sfumature differenti con cui si può giungere a giudizi estremamente contrapposti e comunque non sempre coerenti e chiari.

Giustificare nel senso di spiegare può condurre a volte a ritenere naturale o inevitabile che un evento violento sia potuto avvenire. Cercando di chiarificare lo scoppio della Prima guerra mondiale – il terribile incunabolo della violenza di tutto il Novecento – si è sempre rintracciata la causa profonda (e diversa da quella immediata dell'attentato di Sarajevo dove vennero uccisi l'arciduca Ferdinando d'Austria e la moglie Sofia) nelle aspirazioni imperialiste e coloniali delle grandi potenze, Germania e Gran Bretagna in modo particolare. Quelle aspirazioni, in realtà, avevano accompagnato almeno in Europa anche decenni di pace: e forse sarebbero state ridimensionate dagli stessi governi se questi avessero saputo che in poco più di quattro anni nove milioni di giovani tra i venti e i trent'anni – quella che si chiamò giustamente la *generazione perduta* – avrebbero perso la vita per risultati inferiori o addirittura opposti a quelli previsti.

È spesso la convinzione che la violenza possa essere circoscritta e fermata a permettere che essa abbia inizio e non riesca più, in seguito, a essere controllata. L'interpretazione del *rischio calcolato* – secondo cui la Germania, inizialmente favorevole a un confronto limitato nei Balcani, iniziò un pericoloso gioco di "mobilitazione" nei confronti di Russia e Francia che le sfuggì di mano per un errato calcolo delle risposte delle potenze avversarie[1] – spiega come spesso sia la messa in conto della violenza come opzione possibile e a volte auspicabile a renderla prima o poi inevitabile; con risultati che non sono *mai* quelli previsti o desiderati da chi l'ha scatenata. Non è stato così per la Germania nelle due guerre mondiali, non è stato così per la Francia in Algeria o per gli Usa nel Vietnam, per l'Iraq nella guerra con l'Iran o nell'invasione del Kuwait, per l'Urss in Afghanistan. Ma l'ipotizzato risultato della violenza non si è avverato neppure in contesti maggiormente caratterizzati da decisioni interne: non nella Russia del Gulag o nella Cambogia di Pol Pot, dove il progetto di costruzione del comunismo ha fatto fallimento; e nemmeno nel Ruanda del *genocidio del machete*, dove gli Hutu hanno perso quanto, sia pure contraddittoriamente, avevano costruito dall'epoca della rivoluzione degli anni sessanta.

Per comprendere la violenza, e quindi in qualche modo giustificare storicamente che sia avvenuta senza attribuirla di volta in volta alla follia di qualche uomo o alla stessa natura umana, occorre prendere sul serio – o comunque esaminare senza pregiudizi – le giustificazioni che i perpetratori hanno portato prima e dopo per cercare di discolpare il proprio comportamento. Non si tratta, ovviamente, di prendere per *vera* la teoria del complotto sionista di dominio del mondo, o quella della minaccia armena di collusione con la Russia e di possibile tradimento, o ancora quella del sabotaggio e dell'atteggiamento controrivoluzionario con cui il potere sovietico – attraverso il famoso *articolo 58* – si difendeva dai supposti nemici interni. E neppure di credere alle dichiarazioni dei regimi militari sudamericani che l'uso della violenza serviva a soffocare la sovversione comunista, o di quello sudafricano che l'a-

[1] Vedi Gian Enrico Rusconi, *Rischio 1914. Come si decide una guerra*, cit.

partheid avrebbe permesso ai neri e ai *coloured* di sviluppare la propria distinta e separata civiltà, o di quello jugoslavo che l'indipendenza di Croazia e Bosnia avrebbe condotto alla violenta emarginazione dei serbi presenti in quelle regioni.

Occorre, tuttavia, capire cosa aveva reso possibile alla maggioranza della popolazione tedesca credere o accettare che diventasse ufficiale e collettiva la versione della "pugnalata alle spalle" ebraica durante la Prima guerra mondiale o l'immagine diffusa di un sistema finanziario e bancario ferreamente in mano ai gruppi ebraici. Bisogna comprendere come per molti turchi la deportazione degli armeni poteva avere il significato di maggiore sicurezza e al tempo stesso di maggiore disponibilità di territorio e di risorse per sé. C'è da chiedersi quale fosse il ruolo che terrore e repressione giocavano in Urss in una situazione di mobilitazione sociale e tentativo di rivoluzione dall'alto, che doveva cambiare faccia al secolare paesaggio agrario del paese centralizzando il potere nelle mani di un uomo e di istituzioni a lui fedeli. Allo stesso modo non si può ignorare il diffuso anticomunismo e la paura di perdere privilegi o semplici proprietà di una buona metà almeno della popolazione cilena o argentina o uruguagia utilizzati dalle giunte militari per legittimare la loro violenza diffusa. Neppure si può trascurare il senso di persecuzione, minacciata ma in diversi casi reale, con cui le comunità serbe vivevano il processo di disintegrazione della Federazione jugoslava.

Queste giustificazioni, queste presunte o parziali verità percepite come reali da un intreccio distorto di bisogno identitario e di interessi materiali, sfruttato dalle élite al potere per mantenerlo e rafforzarlo, sono una parte importante degli elementi che permettono di *comprendere* la violenza, le sue radici, le sue modalità, il processo attraverso cui essa da ipotesi si trasforma in evento. Ma sono cosa ben diversa dalle giustificazioni che i responsabili della violenza, gli artefici dei piani di sterminio come gli esecutori materiali delle stragi, portano a discolpa del loro comportamento. Per i primi è il disegno di un obiettivo strategico, proposto come interesse comune di una collettività e presentato come realistico ma fortemente intriso di utopia, a costituire la giustificazione per gli ordini violenti e le scelte criminali che vengono diramati ai sottoposti. Per questi ultimi, gli esecutori concreti della violenza, volenterosi e gioiosi o timidi e refrattari, è la catena di comando, l'obbedienza alla gerarchia, l'adesione al comportamento del gruppo di riferimento, la spinta identitaria (alla patria, all'ideologia, alla comunità) che deve trovare la sua realizzazione nella distruzione del nemico.

13.

I responsabili della violenza

"Stavamo solo compiendo il nostro lavoro, era difficile rifiutare, eseguivo ordini ricevuti dai generali e realizzavo le politiche del governo dell'epoca." Con queste parole Eugene de Kock – uno dei poliziotti più decorati dell'epoca dell'apartheid, alla guida di una delle più temute squadre della morte del regime – giustificava nel 1997 la sua richiesta di amnistia presso la Commissione per la verità e la riconciliazione del Sudafrica per venti crimini internazionali e ottantasette commessi sul territorio nazionale.

Frasi simili si sono sentite a più riprese nel corso del Novecento, in ogni aula di tribunale dove sono stati giudicati uomini accusati di violenze commesse da regimi che dell'assassinio, dei massacri, delle stragi e perfino del genocidio avevano fatto strumento per realizzare la propria politica. L'ubbidienza agli ordini è la più comune e diffusa delle giustificazioni, anche in casi di crimini contro l'umanità o di violenze particolarmente efferate. La catena di comando coinvolge così dall'ultimo esecutore al comandante della polizia e dell'esercito, dal concreto carnefice al primo ministro e al capo dello stato.

È possibile – è semplice – individuare i colpevoli della violenza e degli atti più criminali compiuti contro intere comunità da parte di uomini dotati di responsabilità pubblica o che quella si sono arrogata? Sono responsabili gli uomini condannati in giudizio, i dirigenti dei regimi colpevoli della violenza, gli appartenenti ai corpi speciali di repressione, o anche i cittadini che hanno collaborato, favorito, aiutato, reso possibile il successo di un regime che si è macchiato di crimini?

In un libro che ha ottenuto un vasto successo internazionale, *I volenterosi carnefici di Hitler*, lo storico Daniel Goldhagen ha sostenuto con forza la "complicità" dell'intero popolo tedesco nella politica antiebraica hitleriana, fondando il suo giudizio su un'interpretazione genetico-culturale dei comportamenti collettivi e della fisionomia del popolo germanico. Il rischio, con posizioni di questo tipo, è quello di svalutare il concetto stesso di *responsabilità* e di *colpevole*; se lo sono tutti, in un modo o nell'altro, i gradi di colpevolezza e i livelli di responsabilità vengono senza dubbio attenuati fin quasi a scomparire.

Nessuno, ovviamente, contesta che Hitler sia stato il maggiore responsabile dei crimini commessi dal nazismo, Stalin di quelli del comunismo sovietico, Pol Pot di quello cambogiano, Pinochet di quelli della dittatura militare cilena, Saddam Hussein dei massacri dei curdi. Ma già se si prendono in considerazione molti dei collaboratori di questi dittatori, elevati responsabili di questi regimi, si entra in un labirinto di difficoltà che crescono man mano che si scende verso i ranghi più bassi. In molti, tanto all'epoca del processo di Norimberga (dove fu condannato *solo* a vent'anni) quanto negli anni successivi, hanno ritenuto l'architetto Albert Speer – che pure tra il 1942 e il 1944, anni cruciali della Shoah, fu ministro degli Armamenti del Terzo Reich – non colpevole direttamente delle peggiori attività criminali del nazismo. Il generale Rodolfo Graziani, governatore della Somalia, viceré d'Etiopia e governatore della Libia, massimo responsabile della politica repressiva coloniale del fascismo italiano e degli ordini che portarono al massacro di Debrà Libanòs, trascorse in prigione *solo* pochi mesi dei diciannove anni cui era stato condannato (come gerarca del fascismo che aiutò il *nemico* tedesco) e venne felicitato da Andreotti nel 1952 ad Arcinazzo, mentre festeggiava l'anniversario della costituzione della Repubblica sociale italiana. Nikita Chruščëv, autore di quel *rapporto segreto* al XX Congresso del Pcus che nel 1956 diede il via a un sia pur contradditorio, parzialissimo e monco processo di destalinizzazione, era stato negli anni trenta uno dei segretari del partito di Mosca e nel 1938, all'apice del Grande Terrore, venne eletto nel Presidium, divenendo candidato al Politbjuro, e primo segretario del partito in Ucraina. Pol Pot morì nel suo letto, segregato per volere dei suoi antichi compagni d'armi, ma non perseguitato dalla giustizia internazionale. Pinochet ha potuto continuare a difendere l'operato della sua *junta militar* ancora negli ultimi mesi; e l'arresto di Saddam Hussein non è avvenuto sulla base dei massacri commessi contro curdi, iraniani e oppositori d'ogni genere ma per la sua presunta detenzione di armi di distruzione di massa.

L'opinione pubblica, naturalmente, ha in genere un atteggiamento meno restrittivo (ma spesso anche meno garantista) di quello dei tribunali, e in genere ha giudicato e giudica Speer e Graziani, Chruščëv e Pol Pot, Pinochet e Hussein responsabili di crimini che meriterebbero una punizione esemplare. Mai, però, *tutta* l'opinione pubblica, bensì solo una parte: a testimonianza di come la valutazione e il giudizio sulla responsabilità dei peggiori atti di violenza siano sottoposti a criteri storici e ideologici oltre che giuridici e morali, che variano nel tempo e che non trovano quasi mai un punto di vista comune.

Al di là del problema, certamente arduo, del perché alcune violenze vengono condannate universalmente e altre trovano, al contrario, giustificazioni e difese che ne limitano una esecrazione generale, vi è quello, ugualmente complesso, di potere individuare con certezza una gerarchia di responsabilità. I due piani spesso s'intrecciano e rendono ancora meno agevole una ricerca di chi siano i colpevoli da un punto di vista che non sia quello giuridico o quello morale, ma storico: che tenga conto, cioè, di tutti i fattori che concorrono alla costruzione di un evento storico. Se si ritiene che le vittime della violenza appartengano alla categoria dei *nemici* (attuali, passati o potenziali), certamente la ricerca e individuazione delle responsabilità sarà molto più tenue, tendente alla giustificazione; e lo stesso avviene quando gli esecutori e i carnefici hanno commesso violenza in nome di valori, progetti, schieramenti di cui ci sentiamo comunque parte o che intendiamo difendere.

E che dire, comunque, dei livelli di responsabilità? L'ideologo della violenza o il suo semplice fiancheggiatore possono essere ritenuti colpevoli alla stregua dei dirigenti che l'hanno organizzata e dei carnefici che l'hanno eseguita? In uno stato e in una società che commettono violenze di massa, ci sono politici e civili, militari e paramilitari, burocrati e propagandisti, tutti in qualche modo legati da una stessa catena di volontà e di partecipazione, ma certo non responsabili nella stessa misura, sia che si prenda il comportamento individuale come parametro della colpevolezza sia che si prenda l'azione collettiva come criterio di valutazione.

I teorici dello stato forte che hanno giustificato i regimi totalitari – Carl Schmitt nella Germania nazista, Giovanni Gentile nell'Italia fascista, Iola Timofeevič Nikitčenko nell'Urss staliniana – vanno ritenuti responsabili delle azioni violente commesse da quello stato in nome del proprio diritto alla forza? Gli intellettuali che li hanno difesi devono essere coinvolti nel processo di individuazione delle responsabilità? Sulla sola base dell'appoggio generico o entusiasta, della partecipazione politica, della propaganda scritta o della concreta esecuzione di atti criminali? Gli esempi sono innumerevoli e ognuno ha fatto discutere a lungo: la detenzione e la condanna di Ezra Pound per tradimento (per avere difeso il nazismo e il fascismo in diverse trasmissioni radio); la condanna di Céline e l'esecuzione di Brasillach (per l'azione a favore della Germania svolta nella Francia occupata); il processo e la reclusione in ospedale psichiatrico del premio Nobel norvegese per la letteratura Knut Hamsun (per avere difeso il nazismo).

Nella maggior parte dei casi, tuttavia, gli intellettuali propagandisti di regimi violenti non sono stati neppure sfiorati dai processi che coinvolsero i loro colleghi "collaborazionisti" al termine della Seconda guerra mondiale. E chi si dovrebbe, in questo caso, ritenere maggiormente responsabile? Furono centocinquanta gli scrittori e intellettuali americani che nel maggio 1938 firmarono una giustificazione e un appoggio ai processi di Mosca. E la rivista "The New Republic"[1] allontanò dai propri collaboratori il filosofo John Dewey perché aveva messo in piedi un "controprocesso" a Trockij per dimostrare le falsità e assurdità delle accuse rivolte in quei processi al vecchio bolscevico esiliato. Certo, il loro ruolo fu assai diverso da quello degli scrittori sovietici che, per fare carriera dentro il regime, non disdegnavano di denunciare colleghi poeti e amici scrittori che sarebbero finiti nel Gulag; ma questi avevano l'alibi, se tale può essere considerato, di dover sopravvivere all'interno di un regime feroce e omicida.

I propagandisti della Grande Serbia, gli scrittori che l'hanno cantata e invocata, così come i membri dell'Accademia delle Scienze di Belgrado che hanno rinnovato il mito della Battaglia del campo dei merli come antidoto e difesa contro le minacce antiserbe di croati, bosniaci e kosovari, hanno certamente avuto peso nella dinamica che ha condotto alle violenze etniche e ai massacri nella ex Jugoslavia, anche se il loro ruolo non è facile da definire, né in termini giuridici né da un punto di vista morale o storico. La loro responsabilità è sicuramente diversa dai membri delle Tigri di Arkan che sterminavano, stupravano e rinchiudevano in campi di concentramento *nemici* che non reputavano degni di vivere una vita come la loro. Ma quanti giovanissimi e incolti disoccupati che si sono arruolati nelle Tigri hanno trovato nella lezione dei dotti dell'Accademia una legittimazione o una giustificazione al loro modo di agire?

Chi ha partecipato direttamente alla violenza, alle stragi, ai massacri e ai genocidi, porta certamente con sé la responsabilità delle sue azioni. Anche tra loro, tuttavia, è forse necessario introdurre elementi di distinzione. Uguali nella violenza commessa e nei tragici risultati ottenuti, gli esecutori sono stati tali perché sadici, fanatici, indottrinati, criminali, ricattati, incapaci di disobbedire o di sfuggire alla logica del

[1] "The New Republic" era stata fondata nel 1914 da Willard Straight e Herbert Croly; tra le sue prime firme più importanti quelle di Walter Lippmann, Randolph Bourne, Amy Lowell, H.G.Wells, Bertrand Russell, Virginia Woolf, John Maynard Keynes.

conformismo di gruppo. Questo rende la loro responsabilità differente? Probabilmente è stato giusto, ma certo è anche stato paradossale, che dopo la caduta del Muro di Berlino siano stati condannati alcuni Vopos responsabili di avere ucciso cittadini tedeschi orientali che avevano tentato di passare illegalmente (per la legge della Ddr) dall'altra parte del Muro; mentre coloro che avevano scritto e approvato la legge l'avevano fatta applicare e ne avevano organizzato la rigida esecuzione sono riusciti a evitare un giudizio di colpevolezza.

14.

La partecipazione alla violenza

Chiunque partecipa alla violenza ne è anche responsabile? E in che misura rispetto ai colpevoli di averla ideata, programmata, propagandata e iniziata? Il ruolo dei "gregari" va commisurato alle azioni individuali di chi commette violenza, o la partecipazione "in massa" va considerata, di per sé, un'aggravante – o magari un'attenuante – dei crimini violenti compiuti?

La violenza etnica è quella che coinvolge, nella maggioranza dei casi, una parte non piccola della popolazione civile dei gruppi in conflitto. Il senso d'identità collettiva, particolarmente forte ed emotivo dove si giunge a una situazione di scontro, sembra spingere inesorabilmente alla partecipazione. Il coinvolgimento della popolazione civile nei conflitti della ex Jugoslavia è stato progressivo; la violenza, espressa inizialmente da ristretti gruppi estremisti e dalle minoranze paramilitari, ha coinvolto sempre più – sia in atteggiamenti attivi che in comportamenti passivi ma complici – molti di coloro che giuravano di non farsi trascinare dalla spirale del nazionalismo, della contrapposizione, dell'odio.

Qualcosa di analogo, in forme diverse e in un contesto assai dissimile, è capitato per il conflitto israeliano-palestinese, dove il consenso, o comunque la giustificazione, delle forme più esplicite di violenza commesse (gli attacchi suicidi contro una indiscriminata popolazione civile da parte dei gruppi terroristi palestinesi, la metodica distruzione e umiliazione del tessuto sociale e civile palestinese, oltre che di vite umane, da parte dell'esercito israeliano) ha favorito i gruppi politici che se n'erano fatti promotori. Le sempre più acute contrapposizione e paura per l'altro sono state il risultato della violenza subita ma sono state anche l'origine di una escalation che ha ripreso ad alimentarsi proprio dopo il fallimento – per poco – del processo di pace. La frustrazione e la rabbia, alimentate da leader politici senza scrupoli, hanno creato una situazione da cui sembra impossibile uscire senza la distruzione completa di uno dei due contendenti.

Le violenze nazionaliste, intrecciate con motivazioni etniche e religiose, hanno caratterizzato tragicamente i giorni dell'indipendenza indiana e pakistana. Il livello di fanatismo raggiunto dal nazionalismo colpì infatti lo stesso Gandhi, artefice originale anche se non solitario di quel processo di indipendenza, colpevole di incoraggiare la tolleranza e la convivenza etnica in un momento in cui la radicalizzazione tra hindu e musulmani era ormai sfuggita di mano alle élite politiche nazionali. Sono i dirigenti di secondo piano, le élite locali, fanatici ideologizzati, personaggi ambigui e spesso emarginati coloro che soffiano sul fuoco dell'odio etnico e indicano il nazionalismo come unica uscita alla crisi esistente. Lo fanno difendendo le poche risorse disponibili – o il territorio dove vivevano e coabitavano, anche se non integrate, maggioranze e minoranze – e indicando nell'espulsione del nemico, quando non nella sua semplice soppressione fisica, l'unica garanzia di sopravvivenza e sviluppo nazionale.

L'alternativa entro cui i nazionalisti estremisti riescono un po' alla volta a porre tutta la popolazione è quella di aderire alla loro politica (attivamente o mancando di osteggiarla) o di passare dalla parte del nemico, rischiando di venire trattati da traditori o, nel migliore dei casi, da deboli, da codardi, da insensibili nei confronti delle violenze e sopraffazioni subite dai propri concittadini. Quando queste violenze giungono a colpire il proprio villaggio, il proprio clan, la propria famiglia, il passaggio nelle fila del nazionalismo attivo avviene con maggiore rapidità e naturalezza, sovrapponendo l'odio personale verso gli assassini dei propri cari con quello etnico e religioso che la propaganda pubblica alimenta senza sosta. A dimostrazione di come il razzismo in molte occasioni sia un elemento chiaramente strumentale al potere delle forze che agitano e praticano la violenza, basterà ricordare quante furono – durante il genocidio ruandese – le vittime tra gli Hutu moderati che rifiutavano di partecipare al massacro dei Tutsi, e rivendicavano invece una coabitazione e convivenza ancora più stretta che nel passato.

La partecipazione alla violenza è stata spesso considerata testimonianza di arretratezza culturale e politica, o almeno di immaturità democratica. Su questo ultimo punto non si può che essere d'accordo, mentre sulla prima considerazione occorre distinguere con più attenzione. Sono le violenze di tipo etnico e religioso che hanno luogo, per precisi motivi storici, in situazioni di maggiore ritardo culturale e politico quanto a rispetto dei diritti individuali e della tolleranza; i paesi più avanzati hanno in genere bisogno della legittimazione della guerra per praticare violenze forse anche più distruttive. Si tratta poi di capire se per partecipazione si intende solo la collaborazione attiva a un fatto di violenza o l'adesione e il supporto a un regime che pratica, attraverso le sue istituzioni, i suoi corpi speciali, i suoi gruppi paramilitari, la violenza organizzata contro chi è individuato come nemico. Certamente molti indiani e pakistani, durante il 1947, hanno dato una mano attiva (che non vuol dire necessariamente coinvolgimento in fatti di sangue) alle stragi commesse dai propri concittadini contro gli avversari etnici; e lo stesso è accaduto ai serbi o ai croati nelle violenze che hanno insanguinato i Balcani nei primi anni novanta.

Ma che dire della *partecipazione* – di cittadini polacchi, cechi o ungheresi, di soldati russi, dell'opinione pubblica di tutte le potenze alleate vincitrici, delle formazioni partigiane che avevano contribuito alla vittoria – che ha permesso la "facile" attuazione del piano di spostamento coatto della popolazione tedesca dall'Est all'Ovest nel 1945-1947? I territori della Prussia orientale, Pomerania orientale e Slesia (a est della Linea Oder-Neisse) vengono tolti alla Germania e posti sotto amministrazione sovietica e polacca, concordando anche un trasferimento di tedeschi da Polonia, Cecoslovacchia e Ungheria. Due milioni di tedeschi persero la vita mentre erano in fuga o venivano espulsi, molti di loro vittime di vendette individuali o di uccisioni a opera dell'Armata rossa, delle milizie polacche e dei partigiani jugoslavi; del bisogno di vendicarsi, di "farla pagare" ai responsabili di anni di violenze d'ogni sorta. La rabbia si rivolse in modo indifferenziato, colpendo soprattutto donne, bambini e vecchi; lasciando largamente indenni i veri colpevoli della tragedia in cui i popoli dell'Est avevano vissuto dal 1939. Questa *partecipazione*, anche se accompagna una violenza innegabile, possiamo considerarla analoga a quella dei tedeschi che sfilavano nelle strade plaudenti durante la Notte dei Cristalli nel novembre 1938 o che costeggiavano i campi di Dachau e Auschwitz senza domandarsi cosa avvenisse lì dentro?

C'è un tipo di partecipazione, tuttavia, dove l'interrogativo non riguarda una possibile comparazione – cui si possono dare tante risposte diverse e difficilmente convincenti sia sul piano morale sia sul piano storico o politico – ma i motivi che spingono a prendere parte a qualcosa cui si poteva sfuggire. Lo storico americano Christopher Browning ha indagato, tra l'altro, le azioni commesse dal Battaglione 101, una unità di polizia formata da riservisti di mezza età, coinvolta nel rastrellamento e deportazione nel ghetto di Międzyrzec. Benché fosse stata concessa la possibilità di "tirarsi indietro", solo pochissimi l'utilizzarono; tutti gli altri, anche se non nazisti convinti o fanatici, vennero coinvolti in una serie di violenze crescenti, molte delle quali particolarmente sadiche e gratuite. L'analisi di Browning è che, accanto alla molla (in questo caso più debole che in altri casi analoghi) dell'ideologia e delle convinzioni razziste, ci furono altre spinte a quella *partecipazione*, "come le percezioni dell'autorità, del dovere, della legittimità e della lealtà a un'unità e a un paese in tempo di guerra". Intrecciati con tratti della personalità quali l'ambizione, la cupidigia e la mancanza di empatia per tutti i propri simili, quei valori e convinzioni formarono il comportamento delle singole persone e ne spinsero la maggioranza a *partecipare* ad atti terribili. È evidente, tuttavia, che "coloro che uccisero non possono essere assolti in base alla nozione che chiunque nella medesima situazione si sarebbe comportato nello stesso modo. Persino tra questi vi fu chi rifiutò di uccidere e altri che smisero di uccidere. La responsabilità umana è in ultima istanza un problema individuale".[1]

L'indifferenza morale che è in genere alla base della partecipazione di massa, in ruoli diversi, a violenze collettive come stragi, massacri e perfino genocidi, è essa stessa una costruzione storica. Il principio di autorità e il senso di obbedienza avranno giocato maggiormente nel caso dei tedeschi durante la Shoah, quelli di vendetta e di rivincita presso gli Hutu in Ruanda, quelli di fedeltà etnica e disprezzo mescolato a paura nella ex Jugoslavia: sono tutti atteggiamenti costruiti culturalmente e politicamente, fatti diventare *valori* e *identità* nazionali da gruppi politici interessati insieme al potere e all'affermazione della propria ideologia e dei propri obiettivi di conquista. Tutto questo all'interno di un orizzonte *moderno*, in cui la mentalità burocratica, la divisione dei compiti e la specializzazione delle funzioni si mescolano con l'indifferenza etica diffusa dal regime e introiettata a volte per spirito di sopravvivenza. L'autorizzazione a ordini dettati da autorità legittime si rivolge contro gruppi e persone che sono state già oggetto di disumanizzazione, poste al di fuori dei valori e dell'universo morale dei regimi e delle istituzioni "mandanti"; e si concretizza in una reiterazione che fa diventare routine la violenza e spinge all'abitudine e all'assuefazione a sempre peggiori e violenti comportamenti.

Sono questi gli ingredienti di una partecipazione alla violenza che non si percepisce, al momento, come tale. I secondini del Gulag pensano di svolgere il loro dovere di guardiani della rivoluzione e difensori del socialismo, e se non fanno

[1] Christopher Browning, *Testimonianze di vittime*, "I viaggi di Erodoto", n. 41-42, settembre 2000, pp. 32-33.

parte delle squadre di esecuzione non pensano affatto di stare compiendo un'azione *violenta*; lo stesso vale per i burocrati che a Berlino o a Vichy redigono gli elenchi degli ebrei mandati a morire nelle camere a gas, organizzano i treni per Auschwitz, ridistribuiscono le ricchezze sottratte alle vittime, e che si sentono più impiegati che carnefici; non si considerano *violenti* i piloti che sganciano bombe sui civili pur sapendo che non sono e non possono essere un obiettivo strategico e che il loro olocausto non abbrevierà di nulla le operazioni militari. Del resto, non si sentono responsabili di *particolare* violenza neppure i soldati della Wehrmacht che massacrano centinaia di contadini indifesi, donne e bambini compresi, nella loro ritirata dal Centro e Nord Italia negli ultimi mesi di guerra; come non si sentono tali i soldati del tenente Calley a My Lai, per i quali le uccisioni dei contadini nei villaggi vietnamiti non erano "gran cosa"; così come pensano i piloti degli aerei che scaricano nell'oceano i *desaparecidos* ancora vivi del regime militare argentino.

È una predisposizione *naturale* alla violenza, che sarebbe latente in ognuno di noi, a soffocare a tal punto ogni senso di umanità quando si commettono crimini che un contesto appropriato spinge a eseguire come legittimi e necessari, o per lo meno ad approvare e osservare senza muovere un dito in favore delle vittime?

Così potrebbe sembrare, a leggere questa semplice e terribile testimonianza di un giovane assassino nei primi giorni del genocidio dei Tutsi in Ruanda:

"ALPHONSE: Un gruppo di Tutsi si era nascosto nella foresta di Kintwi per resistere. Li abbiamo scoperti dietro gli alberi; stavano in piedi, armati di pietre, rami o arnesi vari. Quelli tra noi che stavano in prima linea hanno lanciato delle granate. Ne è seguita una gran confusione. I Tutsi si sono sparpagliati e noi dietro. Nel fuggi fuggi generale, un vecchio, che non era più molto in forze, è stato spinto mentre correva. È caduto davanti a me e io gli ho piantato nella schiena l'inkota, una lama affilata per abbattere il bestiame che avevo preso con me quella mattina. [...] Io conoscevo il vecchio solo di nome, ma non sapevo niente di sgradevole su di lui. La sera l'ho raccontato a mia moglie e anche lei conosceva solo cose normali sul suo conto. Non ne abbiamo più parlato e mi sono addormentato. [...] Fino a quel momento non avevo ancora mai fatto morire nessuno, non l'avevo mai nemmeno immaginato, non l'avevo mai provato su un animale a sangue caldo. Per dire, nelle feste di matrimonio o a Natale, dato che ne avevo i mezzi, pagavo un ragazzo per uccidere i polli sul retro di casa mia in modo da evitarmi quello schifo".[2]

[2] Jean Hatzfeld, *A colpi di machete. La parola agli esecutori del genocidio in Ruanda*, Bompiani, Milano 2004, pp. 28-29.

15.

La giustizia della violenza

La violazione dei diritti costituiti è sempre stata sanzionata dalla legge. Anche per la violenza di massa commessa da istituzioni pubbliche e organizzazioni politiche, da governi e gruppi paramilitari, da stati e servizi segreti, da polizie politiche ed eserciti di occupazione ci sono state e ci sono leggi e norme capaci di condannare i responsabili dei crimini compiuti. La violenza di massa, tuttavia, non è un crimine come gli altri: non può essere assimilata all'omicidio anche se comporta una serie di omicidi, non equivale allo stupro anche se viene accompagnata da stupri numerosi e ripetuti, non può ridursi a lesioni anche se procura lesioni multiple e permanenti a un numero impressionante di persone. La giustizia della violenza di massa, allora, deve qualificarsi in modi diversi, attraverso leggi eccezionali e giurisdizioni speciali, rispetto a quella che regola la violenza tra e degli individui?

Anche la guerra, fin dall'antichità, è stata accompagnata da regole che dovevano disciplinare un evento che veniva considerato inevitabile ma particolare, una rottura della normalità, una parentesi eccessiva da riportare al più presto nell'alveo della regolarità. Le convenzioni e le conferenze internazionali che hanno luogo tra Ottocento e Novecento – e che danno vita a una dozzina di organismi internazionali intergovernativi, con sede privilegiata all'Aja e Ginevra – costituiscono lo sforzo più intenso che il mondo contemporaneo intraprende per impedire che la violenza di massa, così come si era conosciuta in passato, accompagnasse la modernizzazione che stava avvenendo.

Non si trattava di un compito facile, come si accorse Henry Dunant (creatore del Comitato internazionale della Croce Rossa), e più ancora come sperimentarono Edmund Dene Morel (l'implacabile accusatore del lavoro schiavistico nel Congo di Leopoldo II) o Emily Hobhouse (animatrice della campagna contro i campi di concentramento inglesi in Sudafrica), e insieme a loro migliaia di donne e uomini impegnati a promuovere con ogni mezzo i diritti "umani" (tra la prima pubblicazione della Ligue des Droits de l'Homme, nel 1901, e lo scoppio della Prima guerra mondiale sorgono oltre trecento organizzazioni non governative, per usare un termine di oggi).

La Grande guerra, la prima guerra *totale*, interruppe brutalmente quel percorso, creando al tempo stesso una nuova mobilitazione contro i crimini di guerra (ai danni di civili e per violazione delle Convenzioni dell'Aja del 1899 e 1907) che venivano commessi nel corso del conflitto e con la sua giustificazione. Il tentativo di creare un tribunale internazionale, soprattutto per punire i crimini commessi da tedeschi (uso dei gas proibiti a Ypres, sacco di Lovanio, uccisioni di civili, affondamento della Lusitania) e turchi (uccisione di oltre un milione di armeni), fallì per l'opposizione americana: che intendeva lasciare a ogni nazione il compito di giudicare i "propri" colpevoli e in nome del principio di immunità sovrana, che non permetteva di mettere in stato d'accusa chi era al potere durante la guerra, nel caso particolare l'imperatore Guglielmo II.

Nella coscienza comune di oggi, la *giustizia* contro la violenza commessa a livello di massa (massacri, stragi, genocidi) si identifica con il processo di Norimberga. È al *paradigma* di Norimberga che ci si è rifatti in tutte le occasioni in cui si è nuovamente parlato di crimini di guerra o di crimini contro l'umanità, anche se si sa ben poco del tormentato percorso giuridico e politico che condusse, al termine del secondo conflitto mondiale, a portare alla sbarra di fronte ai Tribunali militari internazionali di Norimberga e Tokyo i principali responsabili del regime nazista e del militarismo giapponese.

Tra gli aspetti più rilevanti dell'Accordo di Londra, che nell'agosto 1945 pose le fondamenta giuridiche dei processi, vi era il rigetto dell'immunità sovrana e della giustificazione di agire in obbedienza a ordini superiori (anche se questo fatto poteva costituire un'attenuante), vi era l'introduzione del concetto di cospirazione e organizzazione criminale e vi era la divisione in tre grandi categorie di delitti (crimini contro la pace, crimini di guerra, crimini contro l'umanità). All'obiezione, più volte ripresa per sottolineare i limiti *giuridici* di Norimberga, contro il principio di retroattività utilizzato (secondo l'antico detto *nullum crimen et nulla poena sine lege*), rispose il giudice Robert Jackson, che ricordò con queste parole un principio già introdotto nel 1907: "Non facciamoci distogliere da bizantinismi giuridici. Non sono l'omicidio, la tortura, la messa in schiavitù crimini riconosciuti da tutti i popoli civili? Quello che proponiamo è di punire atti che sono stati considerati criminali fin dai tempi di Caino e sono stati così giudicati in ogni codice di paese civile".[1]

I principi di Norimberga divennero leggi internazionali riconosciute da tutti e parte integrante della nuova Organizzazione delle Nazioni Unite; così come la Convenzione sul genocidio e la Dichiarazione dei diritti dell'uomo promulgati nel dicembre 1948, e la ventina di trattati e convenzioni che si aggiunsero a esse nel resto del secolo. Malgrado numerose indicazioni in tal senso, la creazione di un Tribunale penale internazionale fu resa impossibile dall'imporsi della Guerra fredda, e solo nel 1996 ebbe luogo a New York il primo incontro che avrebbe poi dato vita nel 1998 alla Conferenza di Roma per creare quella istituzione, divenuta operativa nel luglio 2002 dopo aver raggiunto il numero di ratifiche sufficienti per una sua entrata in vigore (non ancora quelle di Usa,

[1] Si trattava della "clausola Martens" (dal nome del giurista russo Fëdor Martens) aggiunta al preambolo del Trattato dell'Aja, secondo cui, *fin quando* non si fosse creato un completo codice di leggi, restavano validi i "princìpi delle leggi delle nazioni, come risultano dall'uso stabilito tra i popoli civili, dalle leggi dell'umanità e dai dettami della coscienza pubblica".

Russia, Cina, Israele). Nel frattempo erano stati istituiti due tribunali *ad hoc*: il Tribunale criminale internazionale dell'Aja per la ex Jugoslavia e quello di Arusha per il Ruanda, sedi di due tra gli eventi più tragici della seconda metà del secolo, che avevano avuto luogo nell'ultimo decennio a distanza di pochi mesi tra loro.

L'esperienza di Norimberga e Tokyo, ma anche quelle dell'Aja e di Arusha per quanto ancora in corso, hanno dimostrato che il significato politico e simbolico dei tribunali che avrebbero dovuto fare giustizia delle gravi violazioni dei diritti e delle violenze commesse nel corso di conflitti è stato senz'altro superiore al suo valore giuridico e alla capacità di colpire una parte rilevante dei colpevoli. È tornato, quindi, l'interrogativo che aveva accompagnato la fine dei giudizi di epurazione e dei processi penali contro nazisti e fascisti in Europa pochi anni dopo la conclusione della Seconda guerra mondiale: qual è l'obiettivo, il fine della giustizia di fronte a crimini di massa come questi?

Se il proposito è quello di raggiungere, processare e condannare il maggior numero di persone coinvolte in atti delittuosi e in violazioni gravi di diritti umani, non si può certo pensare che il "modello Norimberga" sia quello adatto: troppo esiguo è il conto non solo dei condannati ma degli stessi criminali portati alla sbarra per ritenere utile una proliferazione (per anni? decenni?) di tanti tribunali di questo tipo. Se l'intento è di evitare il ripetersi delle tragedie consumate la risposta è difficile da dare: ma non si può dimenticare che tanto nella ex Jugoslavia quanto in Ruanda, la costituzione dei tribunali internazionali ha avuto luogo dopo la colpevole negligenza (per usare un eufemismo spesso utilizzato) delle Nazioni Unite e delle grandi potenze dell'Occidente e del mondo intero per impedire che quei crimini – che potevano essere fermati ed evitati – venissero compiuti.

È stato il fallimento della giustizia retributiva e le critiche mosse alla giustizia dei vincitori a fare emergere, verso la fine del XX secolo, ipotesi alternative su come fare i conti con le tragedie del recente passato. L'esempio più compiuto e coerente, anche se non il primo, è stato quello del Sudafrica in cui, nella fase di transizione alla democrazia, "l'approccio trionfalistico della giustizia dei vincitori, con la sua inevitabile selettività e opportunismo politico, fu respinto anche per ragioni di principio in favore degli ideali umanitari di lunga durata della resistenza antiapartheid".[2]

Obiettivo della Commissione per la verità e la riconciliazione era quello di offrire alle vittime la possibilità di rivelare e raccontare le violazioni e gli abusi di cui erano state oggetto, lasciando che la loro voce si dispiegasse senza limiti di alcun tipo; e insieme di intraprendere misure di risarcimento, riabilitazione e ripristino della dignità umana e civile rendendo noti alla nazione i risultati raggiunti. Per ottenere la *verità* si prometteva amnistia alle persone che avessero reso piena confessione di ogni violenza e crimine compiuti per motivi politici. Si cercava la trasparenza in cambio del perdono, all'interno di un compromesso politico che poteva portare alla democrazia solo se la verità dei fatti avvenuti e l'interesse delle vittime a vedere riconosciute le sofferenze subite fossero diventati il primo passo per un risarcimento collettivo della stragrande maggioranza della popolazione esclusa per decenni da ogni diritto.

Anche l'esperienza della Commissione per la verità e la riconciliazione è stata oggetto di critiche una volta terminati i suoi lavori, in larga misura dovute a considerazioni di carattere giuridico (l'avere messo in secondo piano la punizione delle responsabilità individuali) e in parte perché era stata investita di compiti e speranze che non le appartenevano. È certo, comunque, che si è trattato di un'esperienza fortemente innovativa, di difficile esportazione in ambiti storici e geografici diversi da quelli sudafricani e tuttavia capace di suggerire nuove strade alla ricerca di una giustizia soddisfacente nei confronti dei crimini e delle violenze di massa. Di fronte ai dubbi e dilemmi che hanno accompagnato ogni volta i

[2] K. Asmal, L. Asmal, R.S. Roberts, *Reconciliation Through Truth. A Reckoning of Apartheid's Criminal Governance*, David Philip, Cape Town 1996, p. 19.

processi che si sono tenuti in questi anni per atti di violenza commessi trenta o sessant'anni fa – fatti talmente gravi da non potere incorrere in alcuna prescrizione – esperienze come quella del Sudafrica ripropongono la questione di quale sia, e debba essere, l'obiettivo di una giustizia che sappia non solo individuare i colpevoli, ma servire a far crescere una cultura e un clima capaci di impedire il ripetersi di violenze di massa d'ogni genere.

16.

La memoria della violenza

È spesso in occasione di avvenimenti che hanno a che fare con la giustizia che la memoria di un passato violento ritorna in primo piano e divide nuovamente gli animi. I processi che si sono svolti in Francia e in Italia negli ultimi anni, e hanno avuto come protagonisti alti funzionari dello stato francese accusati di complicità nella deportazione degli ebrei o ufficiali e sottufficiali tedeschi coinvolti nelle stragi compiute dal nazismo in territorio italiano, hanno riportato in primo piano la memoria di un passato ormai lontano ma non dimenticato. Lo stesso è avvenuto per le violenze commesse nell'immediato dopoguerra in Italia contro i fascisti (o persone assimilate a loro nella condanna) da parte di ex partigiani desiderosi di vendetta; o per quelle che in Francia, qualche anno dopo, hanno accompagnato la Guerra d'Algeria e sono state commesse contro i combattenti per l'indipendenza ma anche contro gli immigrati maghrebini in Francia.

In molti paesi "giornate della memoria" sono state istituite per ricordare l'orrore della Shoah, e in alcuni casi per assimilare nel ripensamento e nella condanna altri episodi di violenza di massa su cui la condanna morale è unanime e condivisa. La messa in stato d'accusa da parte di giudici internazionali di Augusto Pinochet, o dei generali argentini dalla magistratura di quel paese, ha riportato alla memoria gli anni più tragici delle dittature militari sudamericane, con le violenze che le hanno accompagnate. Negli anni novanta, su sollecitazione di organizzazioni femminili, è stata riportata alla memoria – in Giappone, Corea e in genere nell'Asia orientale – la questione delle "donne di conforto": le giovani coreane rese schiave e costrette a prostituirsi nei bordelli organizzati dall'esercito giapponese per i suoi soldati tra il 1931 e il 1945.

La pubblicazione in Israele di una serie di studi da parte dei cosiddetti "nuovi storici" ha costretto l'opinione pubblica israeliana a ripensare al periodo della proclamazione dell'indipendenza e alle violenze non solo subite ma anche commesse contro i palestinesi costretti all'esodo dalle loro terre. In questo caso mentre è in corso una nuova ondata di violenza, caratterizzata da una parte da un'occupazione sempre più dura dei Territori palestinesi da parte dell'esercito israeliano, dall'altra dall'escalation degli attentati terroristici suicidi.

Il cortocircuito tra presente e passato ha effetti spesso impensati. Uno di questi nuovi storici, Benny Morris,[1] ha esaminato alla luce di documenti d'archivio prima inaccessibili la condotta tenuta dai primi coloni sionisti, poi dai "padri" dello stato ebraico, infine dai governi israeliani e dai loro eserciti, nei confronti del popolo palestinese. Ne è uscita un'immagine più vicina a quella dei palestinesi, soprattutto per quanto riguarda il biennio 1947-1948 cui questi ultimi danno il nome di *nakba*,[2] che non a quella che si racconta e tramanda da allora la società israeliana. Ultimamente Morris, considerato un democratico di sinistra, ha fatto molto discutere per l'appoggio sempre più aperto dato a Sharon e alla costruzione del muro in Palestina. E in un'intervista ha lasciato intendere che la "cacciata" dei palestinesi all'indomani della creazione dello stato d'Israele avrebbe potuto e dovuto essere più drastica e definitiva, aggiungendo così un giudizio morale positivo, influenzato dalla politica odierna, su un even-

[1] *Vittime. Storia del conflitto arabo-sionista 1881-2001*, Rizzoli, Milano 2001.

[2] Letteralmente "catastrofe", "cataclisma", a indicare la deportazione di quasi un milione di palestinesi e la distruzione dei loro villaggi avvenuta in seguito alla proclamazione dello stato israeliano e della guerra che ne è seguita.

to che proprio lui aveva contribuito a fare diventare "verità storica" contro le manipolazioni della storia ufficiale.

I modi con cui la memoria ritorna e s'impone, di nuovo o per la prima volta dall'epoca dei fatti accaduti, sono dunque parecchi: processi, libri di storia, lotte politiche, battaglie umanitarie o anche semplici ricorrenze e celebrazioni che trovano un terreno favorevole a ripensare il passato con maggiore intensità (e spesso divisione, combattività, conflittualità). È il clima che esiste nel presente, naturalmente, a favorire o impedire che questo avvenga; ma è anche vero che la memoria di violenze che hanno traumatizzato un paese, una regione o il mondo intero prima o poi troverà inevitabilmente modo di riproporsi e di farsi sentire.

Non è solo casuale, tuttavia, che la memoria riappaia. Dopo ogni guerra, infatti, sembra inevitabile che i vincitori traggano vantaggio dalla propria vittoria trasferendo anche sul terreno della memoria quel controllo che sono riusciti a esercitare sul territorio e sulle istituzioni politiche. Il controllo delle coscienze è stato da sempre obiettivo primario della politica, in ogni sua forma. E la memoria pubblica è uno strumento formidabile di quel controllo, della possibilità di ottenere un consenso anche sulle scelte presenti. Controllare il passato attraverso la costruzione di una memoria è un'operazione, tuttavia, piuttosto difficile da realizzare. Lo è tanto più oggi, quando sembra più facile intervenire sul passato e contribuire a codificarlo come senso comune pur senza essere uno specialista della memoria pubblica (storico, archivista, educatore). Ma la difficoltà consiste anche nella incapacità a costruire una memoria condivisa che proprio il ricordo delle violenze tende a perpetuare.

Ci sono casi, come è stato ed è ancora per la Francia e l'Italia, dove periodicamente si riaffaccia una memoria "differita", che rimanda a un passato sempre più lontano ma capace di dividere ancora e di fare riaffiorare – attorno alle memorie contrapposte di allora – divisioni presenti che sono alimentate più dall'ideologia e dalla strumentalizzazione politica e che rendono difficile la ricerca di nuove e più aggiornate verità. I processi che si sono avuti in Francia e in Italia contro responsabili dei rastrellamenti degli ebrei o delle stragi di civili nel corso degli anni ottanta e novanta hanno al tempo stesso favorito polemiche ideologiche e strumentali ma anche approfondimenti interpretativi e la raccolta di una nuova documentazione. E lo stesso è accaduto a proposito del regime di Vichy e della Guerra d'Algeria in Francia o, con maggiore impatto polemico e minore risultato di conoscenza, per quanto riguarda le violenze dell'immediato dopoguerra in Italia.

In Russia, negli anni della *perestrojka*, il conflitto sulla memoria aveva dispiegato tutte le sue implicazioni, coinvolgendo dapprima gli anni dello stalinismo e infine la legittimità stessa della vittoria di Lenin e della rivoluzione bolscevica. Ma era un conflitto, almeno, che favoriva un confronto aperto, serrato e continuo con il passato, in cui la rimessa in gioco della memoria costituiva un punto nodale della costruzione di una nuova identità, libera dalle imposizioni e falsificazioni del regime. Una volta crollato il comunismo e la stessa Unione Sovietica, si è avuto il contrapporsi di memorie divise, sporadiche, parziali, nessuna delle quali è riuscita a imporsi. Se si esclude la rivendicazione della grandezza storica di Pietro I – culminata nei festeggiamenti per il trecentesimo anniversario della fondazione di San Pietroburgo – non sembra esserci nel passato russo una serie di elementi unificanti che possa dare luogo a una memoria unica e coerente: lo zarismo è memoria positiva solo per pochi nostalgici; i successi dell'epoca sovietica (dalle vittorie nella Seconda guerra mondiale al lancio degli sputnik e al volo di Gagarin) rischiano di nobilitare e rivalutare l'epoca comunista; i vincitori di adesso, del resto, sono gli eredi diretti (spesso appartenenti alle stesse istituzioni) dei vinti, sono vinti che sono stati capaci di trasformarsi in vincitori in un abile gioco di trasformismo. Non si sa più a quale memoria rifarsi, e il controllo del passato sembra difficile, lasciando pericolosamente indebolita l'identità collettiva della nuova Russia.

Ci sono, naturalmente, tanti diversi tipi di memoria: quella politica, che serve alla legittimazione del potere; quella pubblica, che serve ai contemporanei per trovare un punto di vista (condiviso? di compromesso? contrapposto?) sul passato utile alla solidità del corpo sociale; quella accademica che segue le strade e i metodi delle diverse discipline: la comunicazione contemporanea le utilizza tutte e ne fa, per interessi e obiettivi diversi, una cosa ancora differente che tende spesso ad appiattire le differenze, a uniformare i comportamenti e legittimare ogni posizione.

Il problema della memoria si intreccia direttamente con quello della narrazione e della verità. Ogni memoria è legittima: questo dovrebbe essere il punto di partenza unanimemente riconosciuto. Non sono legittime solo le memorie delle vittime dei lager nazisti o di quelli comunisti, lo sono anche quelle dei loro aguzzini; sono legittime le memorie dei partigiani che hanno contribuito a liberare l'Europa e quelle dei fascisti repubblichini o dei collaborazionisti che hanno tentato fino all'ultimo di salvare il dominio nazista sull'Europa; sono legittime le memorie di chi, nell'Italia dell'immediato dopoguerra, ha visto uccisi genitori o amici perché erano stati fascisti o ritenuti complici del regime, e quelle di chi quelle violenze ha compiuto o di chi le ha approvate, giustificate, osservate senza intervenire. La memoria è un fatto individuale e anche quando assume un connotato collettivo non può prescindere dal suo diritto a essere manifestata nella libertà più totale.

La memoria, però, è anche narrazione di fatti, di eventi, di sentimenti, di passioni. E di narrazioni del passato ce ne sono parecchie, di tipo diverso, che s'intrecciano e si sovrappongono e che – tutte insieme – contribuiscono a formare una memoria pubblica, una memoria collettiva più o meno salda nel tempo, più o meno ferma e condivisa. È nel momento della *narrazione* delle memorie, in genere, che scoppiano le polemiche e si agitano i conflitti, allo stesso modo in cui, nelle aule giudiziarie, i resoconti e le narrazioni delle diverse parti (accusa e difesa) cercano di imporre la propria visione del passato, di quello che è avvenuto.

La memoria collettiva si costruisce sulla base delle narrazioni più diverse: essa fa suoi, in modi a volte riconoscibili e altre imperscrutabili, le suggestioni dei racconti individuali e la lezione della grande storia, i suggerimenti del giornalismo e le conclusioni delle aule di giustizia, l'evidenza dei documenti di archivio e le impressioni di quelli audiovisivi. Ma essa risponde soprattutto ai bisogni dell'epoca e al clima culturale e psicologico che caratterizza la società. E questo clima – soprattutto nelle democrazie e nelle "società aperte" – non può essere unanime, omogeneo, improntato agli stessi interessi e preoccupazioni. La Guerra del Vietnam, negli Stati Uniti, è stata oggetto di memorie usate tanto per ammonire a non instradarsi verso nuove guerre oppressive quanto a stimolare il bisogno di rafforzarsi e diventare ancora più aggressivi. La memoria delle foibe, in Italia, ha favorito una presa di coscienza capace di individuare vittime e colpevoli di atrocità rimosse; ma non è stata accompagnata da un adeguato riconoscimento della memoria delle vittime della violenza coloniale italiana nei Balcani, così come non era avvenuto per quella in Etiopia.

Come è possibile, del resto, che un'esperienza nazionale in cui sono avvenuti massacri di massa e violazioni ripetute dei diritti umani possa trovare una coerente narrazione che renda giustizia alla memoria delle vittime e dei carnefici, dei collaboratori e degli attendisti? È più facile che sia lo storico (o il giudice) a trovare la strada per suggerire una sorta di pacificazione della memoria o proporre un racconto condiviso, magari di compromesso?

L'obiettivo di ogni società civile dovrebbe essere, fatto salvo il diritto di ognuno alla memoria, quello di favorire l'incontro e il confronto sul tema della ricostruzione storica, il cui nocciolo duro di verità fattuale non può essere lasciato aperto in nome di un relativismo assoluto. Se le interpretazioni possono essere diverse, come anche i giudizi politici e le riflessioni morali che i grandi eventi storici della contemporaneità necessariamente propongono, la rimozione dei fatti, anche e soprattutto delle violenze compiute, diventa un ostacolo insormontabile alla formazione di una memoria collettiva. Che può essere riconosciuta, valorizzata o celebrata solo se non si trasforma in una semplice legittimazione del potere esistente.

Ma vi è anche, accanto alla questione della memoria, il problema dell'oblio. Il diritto all'oblio, la necessità di impedire che le ferite del passato deteriorassero la vita presente, era stato alla base dell'*amnestía* ("non memoria") imposta da Trasibulo dopo la cacciata dei Trenta tiranni da Atene. Il dilemma fra la verità e la giustizia, tra il dovere di ricordare e la necessità di continuare a vivere appartiene a tutti, e va risolto con equilibrio e saggezza.

17.

La negazione della violenza

Il termine *negazionismo* è stato usato per connotare quelle posizioni che, per motivazioni diverse e con modalità differenti, hanno teso e tendono a negare l'esistenza di un evento storico universalmente riconosciuto. Il caso più noto e clamoroso di negazionismo è quello che riguarda la Shoah, l'esistenza di Auschwitz e delle camere a gas, il genocidio degli ebrei d'Europa da parte della Germania nazista.

Accanto alla rimozione, all'incredulità, alle dichiarazioni d'ignoranza sul progetto e sull'attuazione di distruzione degli ebrei compiuti da Hitler che si sono succedute dopo la fine della guerra e anche a ridosso del processo di Norimberga, negli anni sessanta e settanta sono emerse posizioni che hanno osato sfidare al tempo stesso la verità storica e il senso comune ormai accettato. Presunti storici come Robert Faurisson, Thies Christophersen, Henri Roques o Carlo Mattogno si sono spesi in fantasiosi e inutili tentativi che cercano di smontare le testimonianze e i documenti che sono alla base dell'esistenza dello sterminio.

Più recentemente lo storico inglese David Irving, che senza giungere al negazionismo assoluto ha sempre cercato di ridimensionare e banalizzare la violenza nazista, è stato protagonista di un processo – da lui stesso intentato, per calunnia, contro la storica americana Deborah Lipstadt, che lo aveva definito un pericoloso "portavoce del negazionismo". Il suo tentativo, di fronte alla Royal Court di Londra, di dimostrare l'impossibilità di certificare che la Shoah fosse davvero accaduta, negando che il nazismo avesse deliberatamente e *intenzionalmente* ucciso milioni di ebrei, si è trasformato in un boomerang che ha posto definitivamente la sordina a ogni tipo di simile argomentazione.

Posizioni come quelle di Faurisson e Irving servono da giustificazione e legittimazione di posizioni apertamente razziste e antisemite, che fanno della negazione della verità storica un elemento del proprio bagaglio di insulti, una prova dell'odio che nutrono; non certo la presunzione di proporre un'opera di convincimento e proselitismo. Pericolose come spia di un degrado civile, morale e culturale che, pur colpendo minoranze davvero inconsistenti, non possono che destare preoccupazione, le posizioni negazioniste assolute non hanno alcun rilievo all'interno del dibattito storiografico e neppure nel conflitto di memorie che ha sempre accompagnato eventi tragici e violenze di massa.

Diverso, invece, è il caso di negazioni che fanno leva su elementi di interpretazione per giungere a posizioni ugualmente affossatrici della verità storica e ridimensionare la responsabilità di stati, governi e istituzioni nella progettazione e attuazione di stragi, massacri e perfino di genocidi. L'esempio più eclatante di questo tipo di negazione è quello che da decenni i governi turchi compiono per nascondere il tentativo di genocidio degli armeni compiuto nel 1915 dal triumvirato dell'Ittihat ve Terakki (Comitato unione e progresso) alla guida del paese, che si concluderà con la morte (attraverso massacri diretti o, indirettamente, nel corso di numerose e prolungate deportazioni) di circa un milione di cittadini armeni dell'Impero ottomano.

Accusando gli armeni di essere stati loro stessi, con ribellioni e rivolte contro le amministrazioni dell'impero e con il tentativo di aiutare la Russia allora in guerra contro la Turchia, i responsabili della catena di violenze che li vide poi vittime, storici e governi turchi non hanno mai negato che essi avessero subito numerose perdite che ne ridussero drasticamente il numero all'interno dei confini ottomani. *Negano*, tuttavia, che il numero dei decessi sia stato così alto, lo ridimensionano confrontandolo con le vittime turche nel corso di tutta la guerra e usano termini come "sicurezza" e "autodifesa" per giustificare le leggi attraverso cui le violenze furono organizzate e portate a termine. Dimenticano, addirittura, che nella stessa Turchia del dopoguerra ebbe luogo nel 1919 un processo che condannò a morte in contumacia i membri del Triumvirato[1] colpevoli di avere ideato e organizzato il genocidio. Dove la *negazione* è totale, comunque, è nel giudizio sulla intenzionalità e preordinazione delle violenze contro gli armeni, che risulta inequivocabilmente dalle fonti dell'epoca, dalle testimonianze, dalla documentazione resa successivamente disponibile, ma su cui anche storici occidentali autorevoli – in genere in ottimi rapporti con il governo e le università turche – hanno permesso che si sollevassero dubbi e si coltivassero incertezze.

Ancora diversi sono i casi di negazione di violenze di massa come quelle commesse dai giapponesi in Cina o dagli italiani in Africa nel corso degli anni trenta, espressione di due colonialismi "in ritardo" ma non per questo più tolleranti o pacifici. Negazioni ufficiali protrattesi per anni e decenni sono state accompagnate da studi, testimonianze, denunce che hanno cercato di smontare il castello di silenzio e la nebbia di omertà verso atti che si riteneva macchiassero – ove fossero stati riconosciuti veri – l'orgoglio e la dignità nazionali. Non ci si è resi conto, in realtà, che proprio quella negazione, compiuta da governi democratici, macchiava la dignità ben più delle violenze commesse da regimi totalitari e militaristi con cui gli attuali governanti non condividono altro – in alcuni casi – che il palazzo da dove governano. La verità, si potrebbe dire, era nota ma non ammessa, e dava la possibilità di legittimare posizioni che attribuivano ai "nemici della patria" (esterni o interni) l'invenzione di quei fatti o una loro rilevante distorsione. Episodi come il massacro di Nanjing

[1] Talat Pasha, ministro degli Interni; Enver Pasha, ministro della Guerra; Djemal Pasha, ministro della Marina.

o l'uso dei gas contro la popolazione civile etiopica, vennero giustificati nell'ambito di azioni di guerra, ridimensionati nel numero delle vittime che avevano prodotto, incoraggiati a venire del tutto rimossi o addirittura negati da chi sosteneva che, essendo presente, non si era accorto che fossero avvenuti.[2]

Più complesso è il problema che ha accompagnato la negazione (o rimozione, o ridimensionamento) delle violenze commesse dai regimi comunisti, Unione Sovietica in testa, nel corso del XX secolo. Gli atteggiamenti dei governi, dei partiti, dei semplici militanti, sono stati differenti e non sempre univoci (è stato Chruščëv, al XX Congresso del Pcus, a denunciare con forza i *crimini* di Stalin – anche se non tutti e non nel modo storicamente più corretto), come è stato diverso il comportamento degli intellettuali, degli storici, degli studiosi che hanno aderito direttamente al comunismo o che vi sono stati accanto e simpatizzanti in alcune fasi della loro vita. Al di là delle necessarie distinzioni, tuttavia, e salvando quelle piccole minoranze che coraggiosamente hanno cercato sempre di fare conoscere la verità per quanto terribile e sgradevole, non vi è dubbio che le violenze del comunismo sono state a lungo negate, accantonate, dimenticate, giustificate con un complesso e articolato ragionamento. Sono state legittimate in nome dei fini ultimi che il comunismo avrebbe dovuto realizzare; in nome della rieducazione dei nemici della rivoluzione; in nome della salvezza del regime socialista assediato; in nome del sabotaggio e del tradimento contro cui era necessario difendersi. E così facendo si è tardato a riconoscere l'esistenza del Gulag e l'estensione e profondità della sua pratica repressiva e omicida; si è attribuito a catastrofi naturali la colpa di carestie (come la più terribile, quella dell'Ucraina del 1932-1933, che ha fatto milioni di morti; o quella che ha accompagnato in Cina il "Grande balzo in avanti" con un numero ancora maggiore di vittime) che sono state in-

[2] È questa una posizione che ha avuto numerosi esponenti in Giappone e che in Italia, per lunghi anni, è stata sostenuta con autorevolezza e capacità di convinzione da Indro Montanelli, finché la divulgazione ufficiale dei documenti dell'esercito italiano non costrinse anche lui al riconoscimento della verità.

dirizzate e utilizzate dalle autorità per colpire chi si opponeva a quelle misure economiche drastiche e radicali che le avevano causate; ci si è accontentati di una generica condanna delle violenze di quei regimi senza analizzarne la portata e la dimensione, i meccanismi e le cause.

La rimozione o la negazione della violenza, anche se si manifesta con caratteri spesso apertamente ideologici o in base a strumentalizzazioni politiche e suggestioni religiose, è parte integrante della psicologia individuale e collettiva di fronte a informazioni terribili, minacciose, inquietanti. È un meccanismo di difesa che è parte integrante di ogni nazionalismo ("Il nazionalista," ha scritto George Orwell, "non solo non disapprova le atrocità commesse dalla sua fazione, ma ha la notevole capacità di non sentirne nemmeno parlare"[3]) e probabilmente di ogni ideologia fortemente strutturata, certamente di ogni fondamentalismo religioso o etnico. È una modalità con cui i colpevoli giustificano a sé e agli altri le proprie azioni; è la risposta a una "minaccia cognitiva" che rischia di frantumare certezze e credenze. È sempre lo stato, infatti – o comunque un'autorità riconosciuta – ad autorizzare, incoraggiare, organizzare la violenza, dopo aver favorito la costruzione di una visione del mondo in cui la presenza di *altri* non è prevista se non come nemici. Ed è per questo che la più ricorrente giustificazione è quella di avere agito per difesa, per reazione, per paura e per la propria sicurezza, considerandosi in questo modo la vera vittima – più di quelle che lo sono state davvero – della situazione violenta.

È all'interno di questo contesto psicologico, che si affianca alle considerazioni di ordine politico e ideologico, che si pone la questione della differenza tra responsabilità diretta e connivenza, tra partecipazione attiva e adesione passiva, tra silenzio deliberato e ignoranza volontaria. Proprio la difficoltà a distinguere in modo netto tra questi atteggiamenti favorisce quella congiura del silenzio o della rimozione che ha

[3] Citato in apertura del bel libro di Stanley Cohen, *Stati di negazione. La rimozione del dolore nella società contemporanea*, Carocci, Roma 2002.

accompagnato per troppo tempo una visione equilibrata ed equanime di tutte le violenze di massa, non solo di alcune o di quelle commesse dai propri avversari. E pone in primo piano il problema di quale verità occorre difendere e fare conoscere contro le tentazioni della negazione; di quale verità possa servire contro una cultura del diniego che non può che favorire la sopravvivenza della cultura della violenza.

18.

È possibile il perdono e la riconciliazione?

Si sono moltiplicate, negli ultimi anni, le richieste pubbliche di perdono compiute in situazioni diverse e rispetto a eventi passati molto differenti fra loro. Il perdono chiesto ai cittadini del Ruanda dal presidente Clinton, per non avere capito e voluto bloccare le violenze genocidiarie al loro primo apparire, è ovviamente di altra natura di quello chiesto dall'allora borgomastro di Berlino Willy Brandt (più tardi cancelliere della Repubblica federale tedesca) ad Auschwitz, a nome del popolo tedesco; o di quello ancora più recente del ministro degli Interni tedesco Schilly a Marzabotto. Quella di Clinton era un'ammissione di responsabilità diretta (era lui a essere nel 1994 a capo dell'Amministrazione americana, quando rifiutò di usare il termine genocidio), la richiesta di Brandt intendeva segnare una condanna senz'appello di quei tedeschi che con il loro consenso avevano permesso a Hitler di mettere in funzione i forni crematori di Birkenau, il richiamo di Schilly intendeva lanciare un monito a non dimenticare ma anche a gioire per la riconciliazione adesso possibile.

Rompere con la continuità delle istituzioni, condannare le colpe di governi e uomini del passato senza assumersene le responsabilità, che restano storicamente e giuridicamente loro, sembra qualcosa di doveroso e al tempo stesso facile. Eppure questo processo pubblico di *risarcimento* o *restituzione*, che ha suscitato anche molte critiche per le modalità spettacolari e gli aspetti d'ipocrisia che spesso l'hanno accompagnato, è stato visto come un momento di potenziale moralità inserita all'interno del processo di globalizzazione. La volontà di carnefici e colpevoli di riconoscere alle loro vittime esattamente quel ruolo è infatti il primo passo per una possibile riconciliazione e per il raggiungimento di una memoria, se non condivisa, per lo meno fondata su elementi comuni e sul riconoscimento della verità storica.

La possibilità di *restituire*, di vedere accolta la richiesta di perdono, non può che fondarsi su un riconoscimento di verità precedentemente negate, nascoste o rimosse. E dovrebbe, per quanto possibile, venire accompagnata da misure positive di risarcimento, siano esse materiali siano esse simboliche. Il risarcimento tedesco delle vittime della Shoah, che si è recentemente arricchito del capitolo dell'oro rubato dai nazisti e finito nelle banche svizzere, ha ormai una storia decennale, ed è difficile stabilire quando potrà essere conclusa. Anche se fin da subito l'Olocausto venne riconosciuto, le pratiche per indennizzare le vittime furono più complesse e conobbero più ostacoli dell'accertamento della verità.

Il riconoscimento americano di avere trattato ingiustamente e brutalmente i loro concittadini di origine giapponese (rinchiusi in campi di concentramento durante la Seconda guerra mondiale) avvenne oltre quarant'anni dopo, nel 1988: e accanto a un rilevante risarcimento in denaro fu accompagnato da una dichiarazione di scuse e dall'affermazione della necessità di riparare alle ingiustizie commesse nel corso della storia. Molto più complesso, limitato e contraddittorio è stato il processo di riconoscimento dei crimini commessi contro i Native American (i *pellerossa* della tradizione western), iniziato negli anni sessanta nel corso delle battaglie per i diritti civili ed estesosi negli anni novanta ai popoli indigeni del Sud e Centro America. Sotto accusa era lo sterminio ottocentesco delle tribù native che aveva accompagnato quello dei milioni di bisonti che ne costituivano la principale fonte di alimentazione; ma presto l'orizzonte venne allargato all'epoca della *conquista* spagnola e portoghese e coinvolse i nativi delle isole Hawaii, gli aborigeni dell'Australia e i maori della Nuova Zelanda.

Nel corso degli anni novanta si è posto con crescente attenzione, non solo negli Stati Uniti ma anche in Brasile, il problema di come e *se* risarcire le vittime dello schiavismo. La questione di fondo era il riconoscimento, da parte degli esecutori e profittatori di quel crimine, delle sofferenze commesse nei confronti degli schiavi, dei loro discendenti e delle comunità africane a cui erano stati sottratti con la violenza. La maggioranza che si è opposta a prendere sul serio questa richiesta ha mosso obiezioni non solo sulla praticabilità e sopportabilità di simili misure; ha sostenuto che tanto le vittime quanto i carnefici sono ormai morti da tempo, ha chiesto di coinvolgere anche i trafficanti dei paesi arabi in questa condanna, ha portato a discolpa le successive normative antischiaviste introdotte nella legislazione americana.

Con la proclamazione della "giornata del perdono" il 12 marzo del 2000, il papa Giovanni Paolo II ha portato a termine un processo iniziato diversi anni prima e ha codificato le richieste di perdono per le colpe commesse dalla Chiesa nel corso della storia (metodi intolleranti utilizzati in certe epoche per diffondere la fede, sofferenze inflitte agli ebrei, violazioni di diritti e disprezzo per culture e religioni diverse, mancato riconoscimento dell'uguaglianza dei diritti per le donne e per numerose razze ed etnie). Per quanto significativa sia stata questa iniziativa sul piano mediatico e su quello della politica ecclesiastica, essa non ha avuto – per il riferimento generico a eventi del passato senza chiamarli "per nome" (come ha rilevato il teologo dissidente Hans Kung) e, soprattutto, per il perdono chiesto a Dio e non alle vittime – alcuna utilità se non per i credenti. Ma ha testimoniato di come la questione del perdono, della riconciliazione e del risarcimento sia entrata di pieno diritto nel dibattito sulle violenze del passato e sulle violazioni dei diritti commessi nel corso della storia.

L'esempio storico più coerente e innovativo sulla questione del perdono è stata l'esperienza della Commissione per la verità e la riconciliazione che ha accompagnato il ritorno alla democrazia del Sudafrica dopo la sua lunga sottomissione al regime dell'apartheid. La scelta, coraggiosa e ostacolata, è stata quella di privilegiare il raggiungimento della verità – sulle violenze commesse nel corso degli ultimi trent'anni – rispetto alla punizione di una giustizia che avrebbe potuto colpire solo pochi episodi, rischiando di lasciare nell'oscurità il carattere complessivo e continuato della repressione compiuta. Una verità riconosciuta da tutti, vittime e carnefici, capace di diventare memoria pubblica condivisa.

Tra le novità di maggiore spessore della Commissione per la verità e la riconciliazione vi è l'accento posto sulle vittime, sulla centralità del loro racconto e sulla necessità di un risarcimento morale e materiale nei loro confronti, sulla restituzione di dignità alla loro figura e sul valore del dare pubblica esibizione ai loro sentimenti. Il racconto delle torture, degli assassinii, degli attentati e dei massacri di massa – fatto dalle vittime e successivamente rinnovato dai carnefici – ha significato raggiungere una verità ampia e articolata in cambio dell'amnistia ai criminali risoltisi a confessare *tutte* le loro azioni violente. La Commissione è riuscita a creare una sorta di circolo virtuoso in cui si sono intrecciati e alimentati a vicenda paura ed espiazione, rimorso e penitenza, minaccia e ricompensa, per lo scopo prioritario di rintracciare il massimo di verità possibile.

Solo così si è potuto assistere – forse per la prima volta nella storia – al riconoscimento delle violenze e dei crimini commessi anche dai combattenti della libertà e della democrazia, senza giustificazioni morali o politiche legate allo "stare dalla parte giusta", e con le sole attenuanti storiche di essere comunque vittime che si sono ribellate a una violenza continua e profonda. La scelta di puntare sulla verità invece che sulla giustizia come cornice del processo di rivisitazione del passato ha valorizzato l'esperienza vissuta, la percezione soggettiva, la verità incardinata nelle singole narrazioni e il mito nascosto nella memoria comunitaria; creando al tempo stesso le premesse per un rafforzamento della memoria pubblica e quindi della democrazia e della fiducia nelle istituzioni e nella stessa giustizia.

Non tutti coloro che sono stati coinvolti nei lavori della Commissione hanno chiesto perdono o lo hanno concesso. Il perdono è stato affidato alle scelte individuali e alle coscienze dei singoli, senza che dovesse necessariamente influenzare il processo di riconciliazione, il fine ultimo cui puntava al tempo stesso il ristabilimento della verità e la stigmatizzazione morale e politica delle violenze commesse.

Avere raggiunto la verità, tuttavia, non ha significato automaticamente riuscire a impostare in modo vittorioso il processo di riconciliazione. La riconciliazione non è solo una questione istituzionale o ideologica e la memoria, senza mutamenti profondi nella realtà sociale e sul terreno dell'uguaglianza, rischia di tornare a dividersi e contrapporsi.

In Italia si è continuato a dibattere, negli ultimi anni, sulla necessità di una memoria condivisa e sulla possibilità di raggiungere una pacificazione ideologica tra i sopravvissuti o gli eredi delle fazioni scontratesi nel corso della "guerra civile" del 1943-1945. Questa logica, fondata sull'assurda ipotesi di potere ridurre *ad unum* memorie contrapposte e diverse per ispirazione, valori ed esperienze compiute, ha favorito, al contrario, una sostanziale riproposizione delle memorie di parte come verità storica. Con il risultato di dovere ascoltare – anche da parte di vertici dello stato – impossibili equiparazioni o attribuzioni di equivalenza etica ai partigiani antifascisti e ai combattenti della Repubblica sociale; ma anche di assistere alla riproposizione dell'antifascismo come parametro di analisi della democrazia contemporanea o al rifiuto di ammettere il tasso di violenza che ha accompagnato il campo antifascista durante e dopo gli anni della Resistenza. Il tema della *verità* come prerequisito della riconciliazione non sembra essere stato accolto e compreso nella sua complessità. Non è un caso, forse, che l'esperienza della Commissione sudafricana in Italia è stata vista prevalentemente sotto l'aspetto dell'amnistia e della necessità/possibilità di utilizzarla per eventi violenti di ormai più di cinquant'anni fa.

19.
Le responsabilità dell'Occidente

È sempre il presente che determina l'interesse e il coinvolgimento verso le violenze del passato, la volontà di mantenerne viva la memoria e di ricavarne lezioni per impedire il ripetersi di tragedie già viste. L'Occidente, in particolare nell'ultimo ventennio, ha manifestato una crescente attenzione a utilizzare il passato e la memoria per rafforzare e orientare i propri atteggiamenti nei confronti della violenza odierna, quella degli altri e quella che l'Occidente stesso è portato a compiere. Il dibattito sulla memoria è stato – e continua a essere – aspro e difficile come quello sulla violenza, lasciando spesso in secondo piano ed emarginando le posizioni che suggeriscono analisi complesse, interpretazioni non lineari, punti di vista incerti e contraddittori. Sulla violenza si gioca, anche per chi la osserva solamente, una partita fondamentale sul terreno della politica e della morale, anzi del loro intreccio e giustificazione reciproca. È inevitabile, forse, ma certo non utile, che semplificazioni e adesione meccanica e fideistica ai propri principi prendano il sopravvento sul riconoscimento della difficoltà e dell'intricato sovrapporsi di valori ugualmente nobili che la questione della violenza pone sul tappeto.

La storia dell'Occidente, dall'antichità a oggi, è costellata dall'uso intenso e giustificato della violenza; anche coloro che vi si sono opposti – e sono stati tanti, anche se sempre in minoranza – hanno finito in un modo o nell'altro per giustificarne alcune, o rimuoverle e ignorarle se entravano in contrasto con le proprie credenze. Anche se restiamo ancorati al Novecento, senza riandare alle violenze che hanno accompagnato l'Occidente dalla conquista delle Americhe all'occupazione dell'Africa, ci accorgiamo che la grandissima maggioranza delle vittime della violenza del XX secolo è tutta da ascrivere alle responsabilità dell'Occidente. Non solo perché sono occidentali i totalitarismi che hanno segnato brutalmente e tragicamente la vita collettiva d'Europa, ma perché entrambe le guerre mondiali sono nate come conflitti europei e interoccidentali.

Nemmeno può reggere l'interpretazione di chi attribuisce al solo Occidente *non democratico* la colpa di avere insanguinato il Novecento in maniera così profonda e continua. Certo, senza il militarismo prussiano o l'espansionismo nazionalsocialista, senza il radicalismo comunista o il nazionalismo fascista la storia intera del mondo avrebbe potuto avere un corso diverso e meno violento. Ma la lunga serie di massacri coloniali che proseguono fin oltre la Seconda guerra mondiale e il decennale conflitto del Vietnam testimoniano – pur limitandosi a questi soli eventi – come neppure Gran Bretagna, Francia e Stati Uniti, i paesi che hanno incarnato storicamente la democrazia dell'Occidente, siano stati immuni da un uso eccessivo, disinvolto e colpevole della violenza quando essa sembrava utile ai propri disegni egemonici.

Quello che lascia maggiormente perplessi non è il livello di violenza di cui l'Occidente è stato capace; ma che esso si sia intrecciato con un percorso di costruzione di regole e norme internazionali per evitarla e contenerla, con la crescente rivendicazione di una cultura dei diritti che avrebbe dovuto ridurne drasticamente il manifestarsi. Quella che sembra essersi imposta nella seconda metà del secolo, in realtà, è la pratica della non violenza all'interno del campo occidentale, non l'averla eliminata dal proprio orizzonte generale. Il trauma collettivo che accompagna la fine della Seconda guerra mondiale spinge a bandire la violenza dalle controversie internazionali (è a questo che mira la nascita dell'Onu); e il contesto della Guerra fredda drammatizza la contrapposizione *ideo-*

logica all'interno dell'Occidente ma riesce a evitare che i conflitti concreti ripropongano uno scontro tra paesi occidentali o all'interno di ognuno di essi. Le due realtà dell'Occidente (che si divideranno in un blocco occidentale e in uno orientale, con una forte presenza del secondo nel primo attraverso i partiti comunisti) si legittimano reciprocamente a usare la forza contro terzi ma sono attenti a non portare le crisi fra loro al punto di non ritorno: nel '48 a Berlino saranno gli Usa a evitare di usare la forza; nel '62 durante la crisi di Cuba sarà Chruščëv a ritirarsi e salvaguardare la pace.

L'Occidente democratico, anche se non era stato responsabile delle violenze innescate dalle due guerre mondiali, è stato in seguito messo sotto accusa per non essere riuscito a impedire i più gravi episodi di violenza accaduti all'interno di quei conflitti (il genocidio degli armeni durante il primo e quello degli ebrei durante il secondo). La priorità nei confronti degli obiettivi strategici – vincere la guerra – è stata senza dubbio decisiva nel trascurare le possibilità di interrompere o limitare le violenze di massa che si stavano compiendo contro specifici gruppi di popolazione. Ma questa *indifferenza* (anche solo parziale) a bloccare sul nascere o appena possibile violenze particolarmente gravi e diffuse di cui si viene a conoscenza è una tradizione che è continuata per tutto il secolo. È difficile pensare che sia sempre stata casuale, dovuta a ragioni contingenti; è più probabile che dietro di essa si nascondessero interessi precisi, che spingevano a costruire quegli "stati di negazione" che si sono richiamati precedentemente.

La volontà di non rinviare neppure di un solo giorno la vittoria militare, lo si è già detto, ha costituito senza dubbio la motivazione più forte a disinteressarsi del destino di armeni ed ebrei nel corso delle due guerre mondiali. Ma accanto a esso non si può ignorare il piano di smembramento e riduzione dell'Impero ottomano o l'ipotesi di stati mono-etnici con cui costruire la pace che accompagnava la politica dell'Intesa durante il primo conflitto; e neppure il diffuso antisemitismo e la scarsa attenzione a risolvere la "questione ebraica" che allignava all'interno della coalizione in lotta contro il nazismo.

Ancora più facile è individuare i motivi che hanno spinto l'Occidente a ignorare i *campi di morte* cambogiani, ad assistere alla *pulizia etnica* nei Balcani, a disinteressarsi del *genocidio del machete* in Ruanda: agli interessi diplomatici e di potenza (il sostegno Usa ai Khmer rossi in funzione antisovietica; le divisioni europee nell'appoggiare i diversi stati nati dalla frantumazione dell'ex Jugoslavia; l'avallo della Francia alla politica degli Hutu in Ruanda) si è intrecciato un rispetto formale per il principio della sovranità nazionale, la reticenza a usare gli organismi internazionali (Onu per primo) estendendo il più possibile le loro funzioni e possibilità di intervento, il timore di venire coinvolti in operazioni rischiose per la sicurezza dei soldati occidentali eventualmente coinvolti. Ma non si sfugge alla sensazione che dietro a quella indifferenza ci fosse anche un atteggiamento di alterità, un senso di distanza culturale, una insensibilità morale per popoli ritenuti diversi, arretrati, portati alla violenza per natura e per storia.

Proprio a partire da quegli eventi, dai fallimenti delle Nazioni Unite e dalle responsabilità collettive degli stati più forti, nella seconda metà degli anni novanta si è fatta sentire con più forza un'attenzione crescente verso l'esigenza di dare soluzioni ai conflitti in corso e cercare al tempo stesso di intervenire sul contesto che li ha favoriti. Questa attenzione si è intrecciata col richiamo sempre più frequente a valori (di libertà e giustizia) che avrebbero dovuto guidare la politica internazionale più degli interessi dei singoli stati o dell'ansia di profitti delle grandi multinazionali. Ed è stato in quegli anni che il ripensamento delle violenze passate è stato oggetto di dibattito e studio, e in molti casi anche di riconoscimenti, autodenunce, richieste di perdono da parte degli eredi storici di coloro che avevano commesso violenze e soprusi (richieste di perdono che sono state accompagnate a volte da rivendicazioni orgogliose o dalla negazione di quelle violenze).

Il processo di globalizzazione ha modificato il rapporto tra l'Occidente e il resto del mondo. Ma la storia della globalizzazione è stata segnata, sul terreno politico, dalla fine della Guerra fredda che ha accompagnato la caduta del Muro di Berlino e dai mutamenti innescati dalle reazioni all'attentato dell'11 settembre 2001. L'Occidente sembra nuovamente unito, anche se al suo interno sono presenti voci diverse e ipotesi strategiche contrapposte, e se la politica dei governi è contraddetta e osteggiata da segmenti rilevanti di opinione pubblica. La violenza all'ordine del giorno non è più, come non lo è stata negli ultimi cinquant'anni, quella *tra* occidentali, ma tra questi e coloro che attaccano l'Occidente e vengono identificati come i nemici storici dell'attuale fase, addirittura intere civiltà intese in senso globale. La violenza che si manifesta in decine di conflitti minori non sembra interessare all'Occidente, che ne declina ogni responsabilità pur foraggiando di armi le parti che combattono.

Dal punto di vista culturale, della cultura dei governi e degli stati più forti, sembra di essere tornati per certi versi alle giustificazioni dell'epoca coloniale, quando un forte e sincero sentimento della missione civilizzatrice accompagnava le inevitabili azioni militari. Il paradosso attuale dell'Occidente sembra essere quello di proseguire sulla strada dell'elaborazione di principi e diritti universali; ma di violarli in nome dei propri interessi più immediati (riassunti nel principe dei princìpi attuali: la *sicurezza*) e di legittimarne teoricamente e storicamente le violazioni. Negando agli altri, invece, ogni forma di giustificazione se la violenza si rivolge contro l'Occidente.

Sembra non esistano più criteri univoci con cui giudicare, condannare, giustificare o comprendere la violenza: quel che accade in Cecenia, in Palestina, nel Kashmir, è valutato tenendo conto degli schieramenti internazionali e del grado di adesione al modello occidentale; di quello che succede in Congo, in Costa d'Avorio, Birmania, Etiopia, Colombia si parla come di eventi naturali cui occorre fare l'abitudine. E in modo speculare ogni forma di intervento da parte dell'Occidente è spesso vista, ormai, come strumento del suo dominio mondiale: l'intervento in Kosovo è assimilato a quello in Afghanistan e questo a quello in Iraq, perdendo di vista, insieme alle differenze delle motivazioni, la diversità delle cause che hanno provocato queste violenze recenti.

20.

Le cause della violenza

La tentazione di trovare una causa unica o fondamentale agli eventi storici è troppo grande per evitare che gli stessi storici, spesso, cadano in essa. Un tema come quello della violenza non fa eccezione a questa tendenza, e gli apporti delle scienze sociali o biomediche rendono ancora più complicato il problema: più sono le variabili che occorre tenere presente, infatti, più si è portati a privilegiare l'aspetto che si ritiene più idoneo per spiegare un comportamento. La violenza di massa – tanto nella versione della violenza delle folle quanto in quella della violenza politica e dei crimini contro l'umanità – è stata oggetto prevalentemente di studi sociologici e giuridici, in qualche caso antropologici. Ma la gran parte della letteratura scientifica sulla violenza, almeno negli ultimi anni, anche se si tratta spesso di violenza nelle metropoli, nelle scuole, nelle famiglie delle società occidentali avanzate, ha avuto un approccio di tipo psicologico, psicosociale, neurologico, genetico.

A partire dal famoso esperimento di Stanley Milgram condotto nel 1961-1962 all'Università di Yale – quando il 65% degli studenti che vi si sottoposero si dimostrò capace di effettuare scariche elettriche fino a 450 volt su propri compagni per obbedire ai comandi di un'autorità, in questo caso scientifica – si sono moltiplicati i tentativi di comprendere cosa favorisca l'utilizzo della violenza da parte di persone *comuni*. Nel 1971 Philip Zimbardo condusse uno studio presso la Stanford University per analizzare gli effetti psicologici dell'imprigionamento, dividendo i suoi studenti tra carcerieri e prigionieri e lasciando loro ampia libertà di comportamento. Egli trovò negli studenti che svolgevano il ruolo di carceriere atteggiamenti "autoritari" il primo giorno, "brutali" e "umilianti" il secondo, "sadici" il terzo tanto che fu costretto a porre fine all'esperimento al sesto giorno per timore di perdere il controllo della situazione.

Che sia lo spirito di obbedienza alla legittima autorità o l'eccesso di testosterone, di serotonina o l'ipoglicemia – come suggerito da ricerche di tipo biomedico – a favorire l'insorgere della violenza nei singoli individui, il massimo di certezza scientifica raggiunta è che ci sono una serie di motivi che possono predisporre alcune persone più di altre a comportamenti di tipo violento. Gli studi di questa predisposizione caratteriale o genetica, psicologica o sociale, potranno darci in futuro risposte maggiormente soddisfacenti di quelle attuali. È certo, comunque, che la violenza di massa, la violenza collettiva, risponde a criteri diversi da quella individuale, anche se ne utilizza e ne sfrutta quelle componenti che le scienze hanno messo in risalto senza poterle spiegare compiutamente. È la stessa diversità dei crimini di massa commessi nel corso del Novecento, pur se in molti casi perpetrati con le stesse tecniche e modalità, a rendere necessario fare ricorso a una molteplicità di cause.

Le spiegazioni monocausali sono spesso più "forti" e apparentemente più convincenti, proprio perché sembra vadano al cuore almeno di *uno* dei problemi che sono sottesi alla questione su cui ci si interroga. Quando ci si adagia su di esse, però, e succede quasi sempre, prevale una visione semplicistica e una interpretazione riduzionistica dell'evento storico. Nel caso della violenza, il ricorso a una molteplicità di ragioni per cercare di spiegarla chiama in causa anche la molteplicità di responsabilità, la molteplicità di reazioni, la molteplicità di narrazioni e memorie che delle violenze passate si sono date, per non parlare della molteplicità dei giudizi morali, politici e penali che hanno accompagnato la loro rivisitazione una volta terminate.

Pur consapevoli che ogni evento può essere compreso e spiegato solo facendo ricorso alla multicausalità, anche gli storici si fanno prendere spesso dalla voga monocausale: perché è più semplice dimostrarla, è più efficace da venire accettata, è più utile a costruire un senso comune storiografico – un "giudizio storico" – su quell'evento. È quello che è successo quando si è spiegato il colonialismo con l'avidità delle grandi potenze e dell'Occidente; il nazismo con la cultura razzista, la vocazione militarista e la mentalità burocratica della popolazione tedesca; i regimi sotto Stalin o anche sotto Lenin e quelli di Mao o di Castro, con l'ideologia comunista o addirittura con la teoria marxista che ne sarebbe all'origine; le guerre e i conflitti facendo ricorso ai nazionalismi e all'identificazione patriottica. Tutti questi elementi, naturalmente, non solo esistono, ma sono una parte non irrilevante della comprensione e spiegazione dei fenomeni che hanno analizzato. Ma la violenza coloniale, quella nazista, quella comunista e quella nazionalista sfuggono a una simile riduzione: anche perché gli episodi violenti – spesso terribilmente violenti – che accompagnano la storia di quei regimi s'intrecciano a volte con periodi anche lunghi caratterizzati da altri aspetti e criteri prevalenti.

Nei capitoli precedenti si è molto insistito sul contesto in cui avviene la violenza, e in particolar modo sul contesto della guerra che è il terreno ottimale per aggiungere a una violenza considerata *normale* quella dei crimini contro l'umanità. Si è molto insistito sulla costruzione culturale del nemico, sia esso territoriale o ideologico, etnico o religioso, come fase costituente di una mobilitazione popolare che renda accettabile e condiviso l'uso della forza e il ricorso alla violenza. Si è insistito sui diversi livelli di partecipazione e sui differenti gradi di responsabilità che concorrono al successo e alla concretizzazione di atteggiamenti violenti e criminali. Ma si è anche sottolineato più volte come nella storia del Novecento il momento centrale rimanga sempre, in ultima analisi, quello del potere politico, delle élite di governo, delle forze organizzate che lottano per conquistarlo. Sono loro, sono determinati e riconoscibili gruppi politici a ideare, decidere, programmare, effettuare e fare eseguire le violenze più terribili che hanno segnato il XX secolo.

Per comprendere le violenze del passato, naturalmente, occorre uno sforzo particolare per calarsi nel clima dell'epoca, nei valori di quegli anni, nella percezione che avevano i contemporanei degli eventi che accadevano sotto i loro occhi. E questo è tanto più difficile perché il tema della violenza tocca profondamente questioni etiche e politiche che ci riguardano anche oggi, e coinvolgono valori etici e politici che da allora si sono modificati e hanno trasformato noi stessi. La violenza contro le donne – per prendere l'esempio forse più continuo e ripetuto presente in ognuna delle diverse azioni violente commesse nel Novecento – è stata osservata con maggiore considerazione man mano che si andava modificando il ruolo delle donne nella società, che il pensiero femminista penetrava nella cultura, che il senso comune e le leggi abbandonavano gli stereotipi e le ingiustizie del passato. Oppure veniva utilizzata strumentalmente come occasione per costruire, rispondere, preparare altri atti di violenza contro chi aveva osato "oltraggiare" non già le singole donne colpite ma l'onore maschile delle comunità di cui le vittime facevano parte.

Se il giudizio morale che ci accompagna non può essere che quello dell'oggi, la comprensione e la spiegazione devono fare i conti con i valori, le leggi e le culture del passato. Non per giustificarle e tanto meno legittimarle; ma per capire le ragioni, e con esse le cause, che stanno alla base della violenza. Ragioni e cause che spesso si ripetono nel tempo – mostrando quanto poco vero sia l'antico detto *historia magistra vitae* – ma che si manifestano ogni volta con una unicità e originalità che appartengono a tutte le storie particolari.

La discussione sulla violenza di massa – sia essa quella dei conflitti di tipo etnico o territoriale, dei fondamentalismi religiosi e politici, del nuovo terrorismo internazionale, delle guerre condotte per fermarlo o per portare la democrazia in alcuni stati retti da odiose dittature – ha trovato negli eventi degli ultimi anni nuovi e ricorrenti motivi di approfondimento; ed è stata accompagnata da posizioni diverse e contrapposte, che in alcuni casi si sono radicalizzate e che dividono drasticamente secondo linee e schieramenti che non sono più – o almeno non solo – quelli del passato.

All'indomani del crollo del Muro di Berlino, della caduta dei comunismi e della fine della Guerra fredda, sembrava che pur in modo contraddittorio, e pur tra recrudescenze di violenza che colpivano ogni parte del mondo, si stesse costruendo un nuovo orientamento (pensiero, cultura, giurisprudenza, atteggiamenti concreti) capace di superare le contrapposizioni per ideologia, schieramento politico, interessi nazionali. Il processo di globalizzazione in corso, infatti, aveva e ha sconvolto i criteri tradizionali di rapporti fra gli stati, i tentativi di governare le relazioni internazionali secondo l'obiettivo del vantaggio comune e dei benefici condivisi, le potenzialità di crescita e sviluppo che si sono accompagnate a un aumento impressionante delle disuguaglianze.

Il XXI secolo ha aperto ancora nuovi scenari, i più importanti dei quali hanno proprio l'uso della violenza al centro della loro azione e dei loro programmi. L'attacco terroristico dell'11 settembre 2001 ha costituito senza dubbio un evento d'importanza storica. Ma il suo carattere di rottura con il passato non risiede solamente nella natura e nelle modalità della violenza espressa dal fondamentalismo di Al Qaeda e dai progetti di Osama bin Laden, e ancor meno dal numero delle vittime o dal simbolismo tragico e tenebroso che l'abbattimento delle Twin Towers ha significato per l'Occidente e in modo diverso per il mondo intero. Se davvero siamo entrati in una nuova fase storica lo si deve anche al tipo di reazione che l'Amministrazione statunitense – il governo delle vittime di quell'attentato – ha deciso d'intraprendere e di accompagnare con un programma di lungo respiro e con un decalogo di nuovi principi, obiettivi strategici, valori di riferimento.

È per questo, per l'insieme dell'*azione* (terroristica) e della *reazione* (statale), che la questione della violenza si sta riproponendo alle nostre coscienze in maniera diversa che nel passato, anche recente. Costringendoci a ripensare, rivedere – o riaffermare – i criteri morali e politici, culturali e operativi con cui fare i conti con essa, con le sue manifestazioni diverse, con le sue cause molteplici, con le sue responsabilità diffuse. Cercando nella storia del secolo passato, forse, qualche elemento di riflessione utile o di suggerimento che possa aiutarci a dipanare le contraddizioni e i dilemmi del presente.

La sequenza storica

Questa specie di cronologia raccontata è ben lungi dall'essere completa, anche se può offrire una visione abbastanza completa di quanto avvenuto. Alcuni episodi non sono stati inseriti perché sostanzialmente ripetitivi di altri simili, coevi o geograficamente vicini; altri perché meno documentati e meno facilmente riassumibili anche nella quantificazione delle vittime; altri ancora perché meno rilevanti allo scopo di offrire l'ampia casistica e il largo spettro delle violenze che hanno avuto luogo nel Novecento.

Mancano, così, riferimenti alla repressione della rivolta dei boxer in Cina all'inizio del secolo; alle vittime dei regimi autoritari che si susseguirono in Messico prima della rivoluzione e a quelle che ne accompagnarono lo svolgimento; ai massacri compiuti dai signori della guerra e dai nazionalisti cinesi nei primi decenni del secolo e a quelli dei giapponesi nella loro prima fase espansionistica e coloniale; ai morti nelle deportazioni dei gruppi etnici e nazionali compiute in Urss durante la Seconda guerra mondiale; alle vittime delle foibe jugoslave in Italia al termine della medesima; ai massacri in Sudan e a quelli in Iraq dei curdi che si sono succeduti per diversi anni; ai massacri compiuti in Uganda dal regime di Idi Amin negli anni settanta e a quelli che hanno accompagnato la guerra civile negli anni ottanta; alle vittime in Angola del dominio coloniale e della guerra civile che ha fatto seguito all'indipendenza; all'ancora più sanguinosa guerra civile che ha avuto luogo per quasi un ventennio nel Mozambico diventato indipendente; alle vittime dell'apartheid in Sudafrica; alle guerre dell'Ogaden in Etiopia e alla lunga guerra con l'Eritrea; ai massacri che hanno accompagnato la conquista indonesiana di Timor Est; alle vittime della repressione inglese e del terrorismo che hanno accompagnato la lotta indipendentista nord irlandese; alle violenze sovietiche in Afghanistan; alle stragi compiute dal fondamentalismo islamico in Algeria; alle vittime dei conflitti etnici e tribali che si sono avuti in Somalia; ai nuovi massacri degli Hutu compiuti in Burundi; alle sanguinose guerre civili che si sono avute in Congo, Liberia, Costa d'Avorio e Sudan a cavallo tra Novecento e XXI *secolo.*

L'Occidente festeggia l'avvento del nuovo secolo brindando al progresso e alla pace. Si entra in un'epoca che in Francia viene chiamata – come riconoscimento di una realtà, non come auspicio – la *Belle Époque*. Non tutti, all'interno dei singoli stati, condividono questo ottimismo. Ma quasi tutti guardano distrattamente a quanto succede lontano dall'Europa, dove s'inaugura, in episodi diversi e apparentemente locali, quello che diventerà un secolo di violenza imprevista e diffusa.

È proprio attorno al passaggio del secolo che si situa l'invenzione dei campi di concentramento, o riconcentramento (*reconcentración*), come li chiamano gli spagnoli che ne fanno uso per primi durante la guerra per reprimere la rivolta di Cuba per l'indipendenza. Si concentrano le famiglie "in piccoli villaggi" appositamente costruiti, recintati e sotto controllo dell'esercito, per separarle dagli insorti e togliere loro i mezzi di sussistenza. Impedire legami con famiglie e villaggi e contatti coi contadini deve servire a indebolire gli insorti, ridurre la portata della loro propaganda, evitare l'espandersi dell'insurrezione, demoralizzare i ribelli preoccupandoli con l'avvenire delle famiglie.

È da poco, dal 1874, che filo di ferro e reticolati sono prodotti industrialmente: con la loro capacità di favorire isolamento e recinzione diventeranno uno strumento imprevisto ma fondamentale della violenza del XX secolo. Nei villaggi riconcentrati di Cuba muoiono, secondo stime che variano, da novantamila a duecentomila persone, in gran parte donne, bambini, anziani. Baracche inospitali, alloggi di emergenza, mancanza di adeguate strutture igieniche, carenza di acqua, cibo e di cure mediche, rendono disumana la vita di centinaia di migliaia di civili che non erano coinvolti in alcun conflitto.

I campi di concentramento si ripetono, con maggiore efficienza e organizzazione, nel corso della Guerra anglo-boera. Dopo una prima fase di guerra "tradizionale", anche qui proprio al volgere del secolo, i boeri danno inizio alla guerriglia. Lord Kitchener, che nel 1901 comanda le truppe inglesi, contro una tattica ritenuta "incivile" minaccia di "prendere provvedimenti sgradevoli e ripugnanti nei confronti delle donne e dei bambini". È la logica dell'internamento, della distruzione dei luoghi della vita civile, compresi gli edifici di culto. Il suggerimento spagnolo, che la stampa britannica aveva accolto con giudizi positivi, viene riproposto su scala più vasta: i campi di concentramento arrivano a essere cinquantotto. In patria sono quasi tutti a favore: solo una piccola minoranza, guidata da una donna combattiva e idealista, Emily Hobhouse, che deve pubblicare in Francia la sua denuncia, si oppone.

Non sono campi di morte, certo non nelle intenzioni di chi li costruisce. Ma le cattive condizioni igieniche, la scarsità di cibo, il diffondersi delle malattie, favoriscono una mortalità elevata. Su centomila internati ne muoiono ventottomila e la mortalità infantile in alcuni campi raggiunge l'80%. Perfino il "Times", l'8 novembre 1901, chiederà di "mettere fine a questa politica di concentramento in condizioni così insoddisfacenti".

La violenza patita a Cuba e in Sudafrica a opera di spagnoli e inglesi può sembrare poca cosa in confronto a quella che, tra il 1885 e il 1908, ha luogo nel Congo di Leopoldo II. Sono gli anni in cui il re del Belgio è personalmente proprietario di una colonia (nel 1908 la cederà allo stato belga con tutti i debiti accumulati) che, dalla metà degli anni novanta, conosce uno sfruttamento intensivo degli alberi della gomma, massacrando una popolazione locale ridotta in condizione servile, che susciterà le denunce e le battaglie di alcuni tra i primi difensori dei diritti umani (Morel, Casement)[1] e spingerà infine a proteste formali gli stessi stati coloniali europei (Gran Bretagna e Francia) scandalizzati dalla violenza impiegata.

Non è stato facile valutare i morti di questo colonialismo "umanitario" – così Leopoldo amava presentarsi all'opinione pubblica internazionale – anche se le conclusioni grosso modo convergono. In questo periodo la popolazione congolese si sarebbe dimezzata con una perdita di circa dieci milioni di persone. Le vittime muoiono per cause diverse: per uccisione diretta (le più documentate anche se estremamente frammentate: si tratta in genere di stragi di centinaia di persone per volta, che non superano mai le millecinquecento unità), per fame, per sfinimento, per esposizione ai rigori naturali del clima, per marce forzate, per distruzione dei villaggi, per la vita da rifugiati di chi riesce a fuggire, per le malattie (solo nel 1901, per vaiolo e malattia del sonno, muoiono mezzo milione di indigeni) portate all'interno dalla costa e prima sconosciute, e che facilmente colpiscono una popolazione sottonutrita e indebolita. Sono tutti morti da lavoro, in un modo o nell'altro, tributo al boom della gomma (i profitti del settore raggiungono cifre da capogiro) e al disegno coloniale di un monarca che voleva restare nella storia. È gente senza diritti, che può essere uccisa senza alcuna formalità, vittima di uomini che hanno un potere assoluto sugli "altri" e lo manifestano con torture e violenze feroci e immotivate che colpiscono indiscriminatamente anche donne e bambini.

È il 1904, nei territori dell'attuale Namibia: il generale Lothar von Trotha, inviato da Berlino per risolvere con ogni mezzo la ribellione degli Herero – la repressione è stata vo-

[1] Edward D. Morel e Roger Casement fondarono nel 1904 la Congo Reform Association, un'associazione umanitaria per porre fine al lavoro forzato e allo sfruttamento intensivo dei congolesi sottoposti al dominio belga.

tata, al Reichstag, all'unanimità, compresi i deputati socialisti, che solo successivamente criticheranno von Trotha – emette un proclama che dice, tra l'altro: "Il popolo herero deve lasciare il paese. Se il popolo rifiuta lo costringerò con le cannonate. All'interno dei confini tedeschi, ogni Herero, con o senza armi, con o senza mandrie, verrà fucilato. Non risparmierò neppure donne e bambini. Li rispedirò indietro al loro popolo o darò l'ordine di sparare anche a loro. Questo è il mio messaggio alla nazione herero".[2]

Il genocidio degli Herero ebbe luogo in due fasi: nella prima oltre ventimila persone – ferite, arrese, arrestate – furono vittime della politica di non fare prigionieri, accanto ai circa cinquemila caduti in battaglia; nella seconda altrettanti Herero morirono nei campi di prigionia costretti dai tedeschi al lavoro forzato. Il censimento ufficiale del 1911 rese noto che degli ottantamila nativi presenti a inizio secolo nell'Africa sud-occidentale erano sopravvissuti soltanto 15.130 Herero.

Mentre gli Herero venivano sterminati nell'Africa sud-occidentale, in quella sud-orientale, colonizzata anch'essa dalla Germania, scoppiava la rivolta Maji-Maji ("acqua magica"), dal nome di una pozione composta di acqua, miglio e diverse radici, che le tribù locali (Kibata, Ngori, Yao e Bena) ritenevano capace non solo di guarire e far crescere i raccolti, ma anche di fermare le pallottole nemiche. La ribellione ha inizio nel luglio 1905, quando la tribù Kibata si rifiuta di raccogliere il cotone e si rivolta contro le forze tedesche che l'avevano ridotta in servitù. Benché male armati, i ribelli attaccano le postazioni tedesche difese da non più di un migliaio di ascari e di poliziotti e il 30 agosto le tribù Mbunga e Pogoro assediano con quattromila uomini Mahenge, difesa dal tenente von Hassel con sessanta ascari.

La maggiore potenza di fuoco dei fucili mitragliatori tedeschi fa strage dei ribelli, così come accade tre mesi dopo a

[2] Jan-Bart Gewald, *Herero Heroes. A Socio-Political History of the Herero of Namibia 1890-1923*, James Currey, Oxford 1999, pp. 172-173.

Namabengo, dove centoventi ascari guidati dal capitano Nigmann decimano gran parte dei cinquemila Ngori che l'avevano presa d'assalto. I ribelli sono ormai sulla difensiva e l'arrivo di mille soldati di rinforzo dalla Germania dà inizio alla riconquista dei territori di cui si era perso il controllo. In pochi mesi, fino all'agosto 1906, i soldati tedeschi avanzano facendo terra bruciata: villaggi rasi al suolo, raccolti incendiati, acque avvelenate, le tribù ribelli sterminate senza prendere prigionieri. Quando la ribellione Maji-Maji è domata i nativi uccisi sono almeno settantacinquemila.

Lo scoppio della Prima guerra mondiale riporta la violenza nel cuore dell'Europa. C'erano state le guerre balcaniche, nel 1912-1913, a ricordare all'Occidente che i suoi territori non erano immuni dalla violenza di conflitti. Ma questa – dopo le azioni dei governi e degli alti comandi che la resero inevitabile perché nessuno ebbe il coraggio di volerla fermare – si presenta presto con i caratteri nuovi di una "guerra totale", in cui uomini e risorse vengono gettati in un vortice di distruzione mai precedentemente conosciuto. È la somma tra l'enorme disponibilità tecnologica ed economica fornita dalle società industriali e la mobilitazione e coscrizione delle masse dei loro cittadini a costituire un salto di qualità nelle capacità distruttrici della guerra che inizia nel 1914. Le prime grandi battaglie, dove muoiono centinaia di migliaia di soldati da una parte e dall'altra senza risultati militari apprezzabili, ne sono una verifica che si ripeterà più volte prima della fine delle ostilità nel 1918.

È all'interno di questo nuovo scenario di violenza diffusa, che sconvolge un'Europa convinta da decenni di avere esorcizzato la guerra (almeno sul proprio territorio), che ha luogo il genocidio degli armeni da parte del governo dei Giovani turchi. La violenza del conflitto mondiale è il contesto che permette al triumvirato al potere di trovare una giustificazione politica e militare alla violenza messa in atto contro gli armeni. Non è solo un caso che il genocidio abbia inizio, nell'aprile 1915, quando lo sbarco a Gallipoli di truppe anglo-francesi, australiane e neozelandesi cerca senza successo di costringere la Turchia ad arrendersi anzitempo.

La "questione armena" era divenuta sempre più rilevante man mano che la crisi dell'Impero ottomano si approfondiva. A una politica di crescente discriminazione del *millet* armeno, affiancata da saltuarie eruzioni di violenza nei confronti dei suoi componenti, si accompagna la nascita di organizzazioni politiche e paramilitari degli armeni stessi, alcune in un'ottica difensiva e di rivendicazione di autonomia, altre decisamente orientate alla ricerca dell'indipendenza. I massacri del 1894-1896 e poi quelli del 1909 sembrano voler colpire queste nuove forze organizzate e sfidarne la coscienza identitaria in nome dell'egemonia turca. Nel 1913 la fazione più radicale del nazionalismo panturco prende il potere: il triumvirato (Talat Pasha, Djemal Pasha, Enver Pasha) è risoluto a evitare ogni ulteriore disgregazione e perdita territoriale, che attribuisce al carattere multietnico dell'impero e in modo particolare alla presenza della robusta minoranza armena.

Con lo scoppio della guerra i turchi, il cui esercito è stato modernizzato da ufficiali tedeschi, si trovano a fronteggiare l'avanzata russa verso l'Anatolia. Il timore che gli armeni ottomani potessero allearsi con gli armeni russi e costituire una pericolosa quinta colonna all'interno viene accentuato dall'inizio dell'assedio navale alleato sui Dardanelli nel febbraio del 1915. La decisione è presa: "Era assolutamente necessario, per evitare la possibilità che il nostro esercito fosse chiuso tra due fuochi, *rimuovere* gli armeni da tutto il teatro di guerra e dalle vicinanze delle ferrovie".[3] Il 25 aprile centinaia di armeni che costituiscono l'élite della comunità sono imprigionati e giustiziati a Istanbul e in altri centri del paese. A partire da maggio gli armeni, che erano già stati disarmati e inquadrati in battaglioni di lavoro nell'inverno del 1914, vengono deportati dall'Anatolia e poi dall'intero impero verso

[3] La citazione di Talat Pasha, ministro degli Interni del Triumvirato dei Giovani turchi al potere dal 1913, si trova in Norman M. Naimark, *La politica dell'odio. La pulizia etnica nell'Europa contemporanea*, Laterza, Bari 2002, p. 35.

campi di sfollamento individuati nei deserti della Siria e della Mesopotamia.

La "legge di deportazione" non ordina di sopprimere gli armeni, ma lascia ampia autonomia ai responsabili delle operazioni. Tra mezzo milione e un milione di armeni moriranno nei mesi successivi, una cifra che crescerà ancora nei due anni che mancano alla fine della guerra. Le vittime complessive saranno tra settecentomila e un milione e mezzo, un quarto o la metà dell'intera popolazione armena. Uccisioni arbitrarie, massacri di uomini, violenze sulle donne, rapimenti di bambini, marce sfiancanti in condizioni climatiche proibitive scandiscono la grande deportazione e decimano i gruppi familiari e le comunità costrette con la forza a dirigersi verso il deserto.

"Eravamo la prima carovana a partire. Ci assegnarono pochi soldati e in pochi giorni raggiungemmo Palu. Qui, mentre ci stavamo lavando, non lo dimenticherò mai, presero mio padre con tutti gli uomini che avevano più di dodici anni. Il giorno dopo il campo era pieno di turchi e curdi che razziavano tutto impadronendosi di ogni avere e delle giovani donne [...] Da Palu a Dikranagerd soffrimmo tantissimo, non avevamo né cibo né acqua [...] Il viaggio fu orribile, senza scarpe era dolorosissimo camminare; avvolgevamo i piedi con degli stracci per limitare il dolore. Non c'era acqua, per tre giorni interi non avemmo acqua. I bambini gridavano 'acqua, acqua, acqua' e uno morì..."[4]

La violenza di conquista, la violenza di guerra, la violenza etnica sono le più comuni ma non certamente le uniche. Dalla Prima guerra mondiale, incunabolo e laboratorio di una guerra totale che getta la sua ombra sui decenni a venire, emerge la violenza ideologica; che trova spazio nel paese – la Russia – dove una rivoluzione era riuscita a vincere mobilitando le masse proprio contro la guerra. I bolscevichi, che hanno or-

[4] Testimonianza di Takouhi Levonian, nata nel 1900, resa nel 1981. In *Century of Genocide. Eyewitness Accounts and Critical Views*, ed. by Samuel Totten, William S. Parsons, Israel W. Charny, Garland Publishing, New York 1997, pp. 71-73.

ganizzato e finalizzato l'anarchia sociale che si diffonde nella capitale e nelle campagne alla presa del potere da parte del loro piccolo partito d'avanguardia, ottengono l'appoggio degli operai e la neutralità dei contadini, insieme con il decisivo supporto dei soviet dei soldati, perché sono gli unici a volere abbandonare una guerra che il popolo non sente sua e da cui fugge in ogni modo. Preso il potere, tuttavia, la logica dei bolscevichi sarà quella di condurre il paese verso una guerra – ora ideologica, ora di classe – contro coloro che ritengono i nemici e gli ostacoli al programma della rivoluzione, alla radicale trasformazione della società e degli uomini che essa prevede.

Mentre difendono il potere dall'assalto delle sparpagliate armate bianche, la cui violenza esaspera i contadini e impedisce loro di appoggiare il tentativo di restaurazione zarista, i bolscevichi inaugurano la politica del Terrore rosso – un'eco orgogliosa della rivoluzione giacobina – per liberarsi delle classi dirigenti che non sono riuscite a fuggire e sanzionare la dittatura del loro partito mettendo fuori legge gli altri movimenti socialisti e rivoluzionari. Per quasi un decennio, tra il 1921 e il 1929 (l'epoca della NEP, Nuova politica economica), lo stato sovietico rafforza le proprie istituzioni repressive, inaugura il sistema dei campi di prigionia, colpisce segmenti sociali e gruppi politici, anche all'interno del partito comunista, che possano mettere in discussione il progetto di radicale trasformazione dell'intera società, del sistema di proprietà, della coscienza e mentalità dei cittadini.

Il sistema concentrazionario sovietico – responsabile di milioni di vittime, il cui difficile computo è ancora oggetto di confronto tra gli storici[5] – nasce ufficialmente nel luglio 1929, con la definitiva vittoria di Stalin dentro il Pcus, quando la polizia politica (GPU) viene incaricata di creare "campi di rieducazione attraverso il lavoro" che accompagnino la nuova

[5] La difficoltà a computare il numero delle vittime risiede, oltre che nella recente apertura degli archivi, nella frammentata organizzazione dei corpi di repressione e di polizia e degli stessi campi, numerosi e diversi per tipi di reclusi, organizzazione, responsabilità e gerarchia. Molte vittime non passarono attraverso i campi, ma morirono nel corso di deportazioni o vennero fucilate poco dopo essere state arrestate.

"rivoluzione dall'alto", i cui pilastri sono l'industrializzazione accelerata e la collettivizzazione delle campagne. È prevalentemente per colpire chi si oppone a questa profonda trasformazione sociale che nasce quel sistema di campi di lavoro che dal 1930 prende il nome di Gulag,[6] che è accompagnato da un ricorso sempre più frequente al terrore e che coinvolgerà nel tempo l'intera società sovietica. La deportazione di massa contro i *kulak* nel corso della collettivizzazione (1930-1931) e contro le minoranze nazionali durante la Seconda guerra mondiale; le fucilazioni contro i sabotatori e i controrivoluzionari che superano le ottocentomila unità nell'anno cruciale del Grande Terrore (1937-1938); il lavoro coatto dagli Urali al Kazakhstan, dalle miniere di Kolyma nel Nord-est ai lager di Vorkuta e delle isole Solovki nell'estremo Nord e in Carelia, dal Belomorkanal (il canale tra il Mar Baltico e il Mar Bianco) al canale Volga-Mosca: sono queste alcune delle tappe e dei nomi di una tragedia che ha sconvolto il popolo sovietico e segnato con la sofferenza, la fatica e la morte le sue generazioni.

"Un giorno," ricorda Tamara Petkevič, un'attrice condannata a dieci anni di campo, "mi vidi riflessa in una porta a vetri nell'unità medica. Non realizzai immediatamente di chi si trattava, ma accanto non c'era nessun altro. Semplicemente non mi ero resa conto di essere divenuta uno scheletro. Fu quasi impossibile riconoscere qualcosa di familiare in quell'immagine riflessa."[7]

Nel corso della collettivizzazione delle campagne il regime di Stalin compie un'azione che ancora si discute se abbia avuto o meno il carattere di un genocidio. Nell'inverno 1932-1933 diversi milioni di contadini morirono di fame e di stenti in Ucraina e nei territori cosacchi del Caucaso settentrionale. La politica di requisizione del governo sovietico aveva colpito con estrema durezza la regione più ricca di

[6] Gulag è l'acronimo di Glavnoe Upravlenje Lagerej (Direzione centrale dei campi), ma è comunemente usato come sinonimo dell'intero sistema concentrazionario sovietico.

[7] Simeon Vilensky (ed.), *Till My Tale is Told. Women's Memoirs of the Gulag*, Indiana University Press, Bloomington 1999, p. 226.

grano e meno affidabile per la sua storia e le sue tradizioni nazionaliste. I disastri della collettivizzazione, la resistenza sorda e tenace dei contadini, l'incapacità dei dirigenti economici e politici locali s'intrecciarono coi cattivi raccolti, ma il governo pretese le stesse quote degli anni precedenti e strumentalizzò la carestia accusando i contadini di sabotaggio. Vennero sequestrate perfino le sementi per l'anno successivo, arrestati i contadini che nascondevano un pugno di farina, dirottati altrove i raccolti; Stalin stesso assunse il controllo diretto del partito comunista ucraino. I morti per la carestia furono fra i tre e i sei milioni, uccisi indirettamente dal regime comunista e dalle sue scelte economiche, dalla pressione politica contro la popolazione, dalla decisione di ignorare coscientemente la gravità della situazione negando la carestia in corso.

"Il 28 marzo 1933," racconta un sopravvissuto del villaggio di Kharvivtsi, "fummo scioccati dalla notizia che Myron Yemets e sua moglie Maria erano diventati cannibali. Avevano tagliato la testa ai loro figlioli e ne avevano fatto carne da mangiare. I vicini avevano sentito odore di carne che friggeva mentre il fumo usciva dal camino e avevano notato l'assenza dei figli. Quando chiesero loro notizie i genitori scoppiarono a piangere e raccontarono l'intera storia. Gli autori di questa azione dissero che avrebbero avuto ancora dei figli, altrimenti sarebbero morti nel dolore perché la famiglia sarebbe scomparsa con loro."[8]

Tra i delitti del fascismo italiano, quelli compiuti in Etiopia nel corso dell'avventura coloniale che porta alla proclamazione dell'impero il 9 maggio 1936 sono senza dubbio i più terribili e numerosi, ma anche i meno noti: negati per decenni e rimossi – assieme alle violenze compiute in Jugoslavia – per non mettere in discussione il mito del "buon italiano", costruito nel dopoguerra sul confronto con il nazismo tedesco.

[8] *Century of Genocide. Eyewitness Accounts and Critical Views*, cit., p. 95.

L'uso di gas tossici, proibiti da una convenzione internazionale firmata anche dall'Italia, fa oltre duecentocinquantamila vittime. Come testimoniò alla Società delle Nazioni l'imperatore etiopico Hailé Selassié, "a partire dal gennaio 1936, i soldati, le donne, i bambini, il bestiame, i fiumi, i laghi, i pascoli, furono di continuo irrorati con questa pioggia mortale. Il comando italiano ha fatto passare e ripassare gli aerei per uccidere sistematicamente gli esseri viventi, per avvelenare con sicurezza le acque e i pascoli. Questo è stato il suo principale metodo di guerra".[9]

Non è solo nella fase della conquista che la violenza fascista colpisce la popolazione civile etiopica. La resistenza che crescerà mese dopo mese nei confronti dell'occupazione italiana verrà fiaccata, almeno nelle intenzioni del suo principale stratega, il generale Rodolfo Graziani nominato viceré d'Etiopia, proprio facendo ricorso al terrore e all'uccisione sistematica di civili accusati di connivenza con i partigiani eritrei ed etiopi. L'8 luglio 1936, del resto, era stato lo stesso Mussolini a mandare a Graziani un telegramma segreto (il n. 8103) in cui era scritto: "Autorizzo ancora una volta V.E. a iniziare e condurre sistematicamente politica del terrore et dello sterminio contro i ribelli et le popolazioni complici stop. Senza la legge del taglione ad decuplo non si sana la piaga in tempo utile. Attendo conferma. Mussolini".

Il 17 febbraio 1937 Graziani è oggetto di un attentato mentre nel suo palazzo di Addis Abeba festeggia la nascita del principe di Napoli. Seguirà una repressione feroce, che farà dire all'ambasciatore americano in Etiopia di non ricordare nulla del genere dall'epoca del massacro degli armeni. Gli etiopi uccisi dalla vendetta e dalla rappresaglia sono migliaia, soprattutto ad Addis Adeba, ignari e indifesi. Graziani si vanterà di avere fatto sterminare tutti "i cantastorie, gli indovini e stregoni della città". In maggio è la volta del convento di Debrà Libanòs, il più importante luogo di culto e di formazione religiosa dei monaci copti. Quattrocentocinquanta mo-

[9] League of Nations, *Official Journal*, Special Supplement, n. 151, 1936, p. 25.

naci sono trucidati e nel villaggio circostante si avranno quasi duemila esecuzioni.

Mentre il fascismo italiano trattava col gas la popolazione etiopica che si ribellava al suo impero, una potenza che sarà presto sua alleata, il Giappone, manifestava analogo disprezzo per la popolazione cinese. Nel 1931 il Giappone aveva occupato la Manciuria, creandovi un governo fantoccio e facendone la base per le mire espansionistiche in Cina. Una serie di scontri, che accompagnano l'appoggio giapponese alle tendenze autonomistiche di alcuni signori della guerra, portano nel 1937 alla mobilitazione del governo nazionalista cinese contro l'attività dell'armata del Guandong (truppe giapponesi che controllano dal 1907 la ferrovia Harbin-Port Arthur). Quest'ultima occupa gran parte della Cina settentrionale, mentre la marina giapponese chiede l'invio di divisioni anche nel resto del paese.

L'invasione giapponese della Cina è ormai una realtà, che anticipa di due anni lo scoppio della Seconda guerra mondiale. In novembre Shanghai è costretta alla resa e il 13 dicembre anche la capitale, Nanjing, è costretta ad arrendersi. L'occupazione della città è accompagnata da un'ondata imprevista di violenza che colpisce immediatamente anche i civili. Si calcola che circa duecentomila persone, di cui non più della metà militari, vengono sterminate in poche settimane dopo essere state percosse, torturate, stuprate.

Le atrocità commesse a Nanjing, rimaste pressoché sconosciute per decenni e ancora negate da una parte della storiografia ufficiale giapponese, furono il risultato di un senso di superiorità nazionale e razziale che l'esercito giapponese aveva introiettato dopo anni di propaganda ed educazione finalizzate a questo scopo. Intrecciato al mito dell'obbedienza e alla convinzione dell'impunità, questo senso di superiorità si concretizza, soprattutto per ordine e diretta partecipazione degli ufficiali, in una carneficina che riempie d'orrore gli occidentali presenti in città, in gran parte missionari.

Miner Searle Bates, un americano vicepresidente dell'Università di Nanjing, scrisse vibrate lettere di protesta all'ambasciata giapponese e informò gli amici il 10 gennaio 1938 di quanto era accaduto: "Più di diecimila persone disarmate sono state uccise a sangue freddo e molti amici fidati sostengono che le vittime sono molte di più. Queste sono soldati cinesi che hanno gettato le armi e si sono arresi, e civili fucilati o uccisi con le baionette con indifferenza, senza alcun pretesto, comprese molte donne e bambini. Colleghi tedeschi parlano di oltre ventimila donne stuprate. Nelle sole proprietà dell'università, incluse le case degli americani con la loro servitù, conosco particolari di più di cento casi e la notizia di altri trecento. Potete a fatica immaginare l'angoscia e il terrore".[10]

Tra le violenze che precedono e anticipano quelle della Seconda guerra mondiale vi sono anche quelle che hanno luogo in Spagna, nel corso della Guerra civile scatenata dalla sollevazione militare del 18 luglio 1936. Un paese diviso a metà, con una forte contrapposizione ideologica e politica, accesi contrasti religiosi e tensioni sociali che si protraevano da decenni, visse per tre anni in mezzo a un conflitto in cui le battaglie militari si alternarono a massacri di civili. L'aiuto militare di Germania e Italia alle truppe di Franco, Mola e Queipo de Llano, ha un effetto maggiore di quello, concesso successivamente e in cambio di precise contropartite economiche e politiche, dall'Unione Sovietica ai soldati della repubblica, in cui aiuto giungono da ogni parte del mondo volontari che costituiranno le Brigate internazionali.

La violenza che accompagna la "giustizia politica" nei territori controllati dai "nazionali" e dai repubblicani farà, nel corso dei tre anni di conflitto, circa duecentomila vittime, di cui almeno due terzi per opera dei sostenitori del golpe militare. È soprattutto nei primi mesi che hanno luogo le violenze più diffuse ed efferate: prevalentemente per vendetta verso i "nemici" che si trovano all'interno del proprio territorio,

[10] Zhang Kaiyuan (ed.), *Eyewitnesses to Massacres. American Missionaries Bear Witness to Japanese Atrocities in Nanjing*, M.E. Sharpe, New York 2001, p. 14.

o in quelli che vengono conquistati a prezzo di caduti e di sangue. Tra gli episodi più noti la strage commessa a Badajoz, conquistata dai "nazionali" nell'agosto 1936: dove oltre duemila difensori della città vengono radunati sulla *plaza de toros* e trucidati in massa con fucili mitragliatori. O quella del Carcere modello di Madrid, dove i repubblicani massacrarono i detenuti politici che vi erano rinchiusi, falangisti e monarchici, seguaci del partito agrario e riformisti moderati. Spesso, di fronte a bombardamenti aerei che facevano vittime tra i civili, questi si vendicavano assaltando le prigioni e uccidendo coloro che ritenevano amici e alleati di chi aveva compiuto i raid aerei.

Nelle aree controllate dai "nazionali" gli eccidi furono in gran parte promossi e controllati dalle autorità militari; nelle zone repubblicane la giustizia sommaria fu attuata da gruppi autonomi, da comitati di base, da cellule politiche e sindacali locali. Non si può dimenticare, tra le violenze della Guerra spagnola, il bombardamento della cittadina basca di Guernica, perpetrato nell'aprile 1937 dagli Junker 52 e Messerschmitt della Legione Condor guidata da Wolfram von Richtofen. In tre ore la città venne completamente distrutta e il "New York Times" scrisse il primo maggio: "Questo culmine di crudeltà sconvolge il mondo più di ogni altra barbarie di una barbara guerra".

La Seconda guerra mondiale ha rappresentato senza dubbio la più grande carneficina della storia, una mattanza collettiva di proporzioni ancora oggi difficili da immaginare. Cinquanta milioni di morti, di cui oltre la metà civili, equivalgono alla scomparsa improvvisa dell'intera popolazione di una nazione di media grandezza, più o meno come l'Italia nel 1961.

Tra le novità della guerra, in termini di violenza ai civili, la più rilevante è senza dubbio legata ai bombardamenti aerei delle città, compiuti con il proposito di fiaccare il morale delle popolazioni – obiettivo completamente fallito – e di distruggere impianti industriali fondamentali per lo sforzo bellico – dove si ottenne qualche successo ma del tutto secondario rispetto all'andamento della guerra. I bombardamenti strategici vennero inizialmente impiegati dalla Germania contro l'Inghilterra: sulla scia dell'esperienza compiuta a Guernica, il 14 novembre 1940 l'aviazione tedesca bombardò, distruggendola, la cittadina di Coventry, con bombe esplosive e incendiarie al fosforo. Fu quello l'episodio più noto di una strategia che non venne mai abbandonata e che presto sarebbe stata usata anche dagli Alleati.

L'offensiva aerea anglo-americana in Europa si concentrò soprattutto negli ultimi nove mesi di guerra, quando venne sganciato il 60% del bombardamento strategico impiegato nell'intero conflitto. Al bombardamento della Ruhr nel 1942-1944 subentrò, nel 1945, quello di città senza alcun valore industriale e militare: si arrivò così alla distruzione di Dresda – dove morirono centoquarantamila persone – mentre nell'area del Pacifico furono i bombardamenti su Tokyo del marzo dello stesso anno a fare oltre duecentomila vittime tra i cittadini. Un nuovo, terribile salto di qualità nel bombardamento strategico ebbe luogo al termine della guerra, con lo sganciamento dei primi ordigni atomici sulle città giapponesi di Hiroshima (il 6 agosto) e Nagasaki (il 9). Le esplosioni nucleari provocarono rispettivamente centoquarantamila e settantamila morti, ma le conseguenze sulla popolazione civile si fecero sentire ancora per diversi decenni.

I civili non vennero massacrati solamente dall'alto: anche gli eserciti di terra compirono uccisioni di massa con lo scopo di terrorizzare la popolazione civile, di vendicarsi dell'odio suscitato, della resistenza incontrata, dell'aiuto dato ai combattenti partigiani. Le armate tedesche – la Wehrmacht prevalentemente, non solo le truppe speciali delle SS – furono responsabili delle stragi compiute nel 1941-1943 sul fronte orientale e nel 1943-1945 nei Balcani (Grecia e Jugoslavia) e in Italia spesso nel corso della ritirata. Nel teatro di guerra del Pacifico, invece, furono i soldati del Sol Levante a macchiarsi di stragi e massacri contro le altre popolazioni asiatiche ritenute razzialmente inferiori e contro i prigionieri di guerra, vittime spesso, oltre che di trattamenti degradanti e inumani, di vere e proprie esecuzioni di massa. A disonore degli ufficiali nipponici anche la pratica di rendere in schiavitù migliaia di donne – coreane e cinesi soprattutto – destinate a svolgere il ruolo di "comfort women" per le truppe giapponesi e abbandonate a fine guerra a un triste destino di solitudine e ostracismo.

Tra i massacri della Seconda guerra mondiale una tragica particolarità riguarda il genocidio degli ebrei, chiamato *Shoah* o *Olocausto* in diversi contesti culturali.[11] Il carattere originale di questa violenza, spesso classificata come una *unicità* che riguarda, in realtà, tutti gli eventi storici, è certamente la sua estensione, la determinazione a distruggere totalmente un gruppo umano in base a criteri di razza stabiliti arbitrariamente, l'accanimento pianificato, burocratico e tecnicizzato con cui il nazismo mise a punto la *soluzione finale.* Ma è soprattutto la percezione che si trattò di un momento aberrante della storia umana in cui tutte le forme di violenza, di esclusione, di distruzione e di ostracismo furono sperimentate insieme per ottenere un risultato definitivo alla propria folle "razionalità" ideologica.

Ogni tappa della storia della Shoah (dalle leggi di Norimberga all'istituzione dei ghetti, dai campi di concentramento e di lavoro ai campi di sterminio, dalle violenze private alle camere a gas) può a buon diritto servire a ricordare la tragedia che portò alla morte cinque milioni e mezzo di ebrei europei di ogni età, paese, genere. Ma è Auschwitz che rimane il simbolo dell'Olocausto e che è divenuto, con gli anni, il nome riassuntivo della capacità distruttiva che l'umanità – moderna e colta – può raggiungere in odio a una parte di sé.

Una violenza che aveva accompagnato la guerra mondiale in diverse zone d'Europa era costituita da un vasto pro-

[11] Nel mondo anglosassone e nella letteratura scientifica si usa in genere il termine *Holocaust*, divenuto di uso comune in tutto il mondo ma ritenuto da molti inadeguato a spiegare quanto accaduto perché suggerisce l'idea di "sacrificio"; il termine *Shoah*, che ha cominciato a essere usato negli anni ottanta, e che significa letteralmente "distruzione", è stato considerato più vicino alla verità storica.

cesso di espulsione, migrazione e reinsediamento forzato di popolazioni. Nei mesi che seguirono lo scoppio del conflitto nove milioni di persone – nell'area compresa tra Finlandia, Ucraina, Grecia e Francia – vennero deportate, con l'esclusione degli ebrei che conobbero un destino ancora più tragico. La germanizzazione dell'Europa orientale occupata avvenne principalmente a scapito dei polacchi. E fu la Polonia, nei nuovi confini stabiliti a Yalta, a segnare il territorio in cui principalmente i tedeschi vinti conobbero un esodo che ripeté la "via della sofferenza" che i tedeschi etnici avevano percorso per ordine di Berlino nel 1944 dalla Transilvania, dall'Ungheria e dalla Prussia orientale verso la Slesia e l'Austria. I tedeschi vennero espulsi dalla Polonia (anche dai territori che erano tedeschi e che divennero polacchi con la fine della guerra) ma anche dalla Cecoslovacchia, dall'Ungheria, dalla Romania e dalla Jugoslavia. Il 15 dicembre 1944 Churchill così riassunse il problema di fronte ai Comuni: "L'espulsione è il metodo più soddisfacente e duraturo. Non vi saranno miscugli di popoli, causa di guai interminabili. Verrà fatta una pulizia netta".

Alla conferenza di Potsdam la decisione venne ratificata, con la raccomandazione di fare svolgere la deportazione "in modo umano e organizzato". Fu un'evacuazione forzata accompagnata dalla vendetta di chi – in Polonia come in Russia, in Cecoslovacchia come in Jugoslavia – aveva subìto durante la guerra il dominio nazista. Un ragazzo dodicenne, ad esempio, ricordò come in Moravia i cechi avessero legato a gruppi i tedeschi e li avessero issati sul parapetto del fiume di March, da dove un vecchio con una gamba sola li spingeva in acqua con la sua gruccia, fin quando i soldati sovietici non posero fine a quel massacro. Nel corso di questa deportazioni, due milioni di tedeschi in fuga vennero uccisi, da militari e civili, da partigiani e da miliziani.

Le migrazioni forzate, nell'immediato dopoguerra, non ebbero luogo soltanto in Europa. Tra il 1946 e 1947 nel subcontinente indiano, e in particolare nel Punjab, circa dodici milioni di persone attraversarono i confini di quelli che il 15 agosto 1947 divennero i nuovi stati indipendenti dell'India e del Pakistan.

Queste migrazioni, in parte volontarie, in parte forzate e sempre più inevitabili per il corso preso dagli avvenimenti, furono accompagnate da violenze che ebbero luogo anche a Calcutta, in diverse zone del Bengala, nel Bihar, ma fu nel Punjab che esse conobbero le maggiori atrocità. Benché fossero cresciuti negli anni – dall'inizio del secolo ma soprattutto a partire dal 1937 – gli attriti e le tensioni tra le comunità hindu, musulmana e sikh, fu in gran parte l'azione dei principali partiti politici (il Congresso, la Lega musulmana e l'Akali Dal) e l'ambiguità, incertezza, indifferenza e debolezza mostrata dai britannici negli ultimi mesi del loro dominio coloniale, a favorire l'esplosione di violenza e a fomentare politiche di espulsione e di fuga.

In Bengala venne deciso di dividere in due la provincia, una parte (orientale) con i distretti a maggioranza musulmana e un'altra (occidentale) con i distretti a maggioranza hindu, che comprendeva la capitale Calcutta. La divisione fece rapidamente scemare le violenze che si erano avute nei mesi precedenti. Non così in Punjab, dove nessun partito aveva ottenuto, nelle elezioni del 1946, la maggioranza per governare (la Lega musulmana aveva ottenuto il numero più alto di voti). In seguito a massacri di hindu e sikh avvenuti nel marzo-aprile 1947, il Congresso e l'Akali Dal avevano chiesto la spartizione della provincia, e i sikh avevano aggiunto che non l'avrebbero però accettata se avesse diviso la loro comunità (cosa impossibile da evitare in caso di divisione). La presenza dei sikh, che non era maggioranza in alcun distretto ma era molto forte nelle zone centrali, dove passava la divisione tra il Punjab orientale e occidentale e tra India e Pakistan, rendeva impossibile una soluzione come quella bengalese.

Il compito di scegliere la linea divisoria e di affidare i distretti alle comunità in base alla maggioranza dei residenti venne affidata a una Commissione guidata da Sir Cyril Radcliffe. I sikh annunciarono che avrebbero fatto ricorso alla violenza se i distretti con i templi sikh e i terreni più ricchi posseduti dalla comunità non fossero rimasti uniti. Questa soluzione avrebbe fortemente penalizzato la comunità musulmana, anche dove questi erano maggioranza, e venne quindi scartata. La crescente pressione dei sikh, fomentata dai loro dirigenti, si tradusse in una strategia che consisteva nell'attaccare violentemente i musulmani del Punjab orientale per costringerli a fuggire a ovest e permettere ai sikh dell'Occidente di emigrare nel Punjab orientale.

Attraverso uccisioni e intimidazioni, stupri e saccheggi, l'obiettivo dei sikh venne raggiunto: i distretti orientali erano adesso privi di popolazione musulmana e i sikh, in molti di essi, costituivano ormai la maggioranza nei confronti degli hindu. L'intero Punjab era stato coinvolto in atti di violenza che sfuggivano spesso a classificazioni etniche e politiche e intrecciavano motivi sociali e religiosi, vendette personali e interessi economici.

I massacri, consistenti in assalti armati da parte di grandi folle a treni, campi profughi, villaggi, furono migliaia e vennero compiuti da tutte le comunità presenti: le vittime furono complessivamente circa mezzo milione, molte delle quali uccise in modi barbari, fatte a pezzi, bruciate vive, impalate.

Con la fine della Seconda guerra mondiale, e per circa un ventennio, la violenza sembra abbandonare l'Europa occidentale e spostarsi nei paesi che nell'agosto 1952 il giornalista francese Alfred Sauvy chiamò, con un termine che ebbe larga fortuna, Terzo Mondo. La maggior parte dei massacri di questo periodo furono legati agli sforzi occidentali di mantenere il dominio coloniale in diverse regioni del mondo e alle forme coercitive con cui il comunismo s'impose in vaste aree del globo.

L'instaurazione dei regimi di democrazia popolare in Europa orientale, invece, fu accompagnata da una feroce e duratura repressione che si mantenne inalterata fin verso la metà degli anni cinquanta. Le vittime furono centinaia di migliaia, giustiziate come controrivoluzionari o inviate in campi di lavoro come sabotatori appartenenti alle classi sfruttatrici. Si distinsero soprattutto la Polonia (dove forme di resistenza armata continuarono fino ai primi anni cinquanta) e la Jugoslavia (dove la violenza per imporre il regime di Tito fu accompagnata da una diffusa e aspra vendetta per le violenze subite durante la Seconda guerra mondiale); ma tutti i paesi conobbero processi arbitrari e incarcerazioni di massa che finirono col colpire anche buona parte degli stessi dirigenti e militanti comunisti.

Altrettanto dura fu la repressione in Corea, dove nel 1948 erano sorte la Repubblica di Corea (al sud) e la Repubblica popolare di Corea (al nord). Fu soprattutto il regime comunista di Kim Il Sung, che meno di due anni dopo avrebbe invaso il Sud dando inizio alla Guerra di Corea, che ebbe un forte coinvolgimento americano e cinese, a operare uccisioni di massa degli oppositori politici. La guerra, che durò fino al 1953, fece oltre tre milioni di vittime (un milione di cinesi, cinquantamila americani e due milioni di coreani, in maggioranza del Sud), in gran parte civili, provocando inoltre diversi milioni di rifugiati.

Tra le violenze coloniali si debbono ricordare quelle che vennero perpetrate dalla Francia, sia in Algeria – dove la lotta per l'indipendenza crebbe impetuosamente nel corso degli anni cinquanta – sia in Indocina, dove la battaglia di Dien Bien Phu, nel 1954, pose fine al sogno coloniale asiatico di un paese ormai ridimensionato, come l'Europa intera, nell'illusione della propria grandezza.

Quel che colpisce maggiormente, in Francia, non sono i morti – a migliaia – di una battaglia che a molti pare politicamente e moralmente ingiustificata, di una repressione che si muove in modo arbitrario e indiscriminato e serve solo a rendere più compatto e radicale il nazionalismo algerino; ma è la forma di quella repressione, che troverà nell'uso e nella giustificazione della tortura la sua concretizzazione e che solo recentemente, a distanza di anni, è stata oggetto di un pieno riconoscimento storico. Il libro del generale Aussaresses, ad esempio, pubblicato nel 2001, non è reticente, ma racconta la sostanza (non tutto, s'immagina) delle "violazioni" compiute in Algeria dall'esercito francese con la supervisione del generale Massu; non è frutto di pentimento, ma della volontà di chiarire come sono andati i fatti rivendicandone la necessità: "l'azione che ho svolto in Algeria l'ho fatta per il mio paese, credendo di fare bene, anche se non mi è piaciuto farla".[12] Questi mezzi al di là della legalità, insiste più volte Aussaresses, erano noti agli uomini di governo, che li legittimavano e approvavano col loro silenzio o esplicitamente: come nel caso di Max Lejeune, segretario di Stato alla Guerra nel governo Mollet; o in quello del giudice Jean Bérard, emissario e uomo di fiducia del ministro della Giustizia François Mitterand.

In modo analogo alle violenze commesse dai francesi in Algeria e in Indocina si sviluppano quelle che i britannici compiono in alcune regioni del loro dominio coloniale. La guerriglia in Malaya, iniziata dai comunisti della Malayan Races Liberation Army (MRLA), venne fronteggiata a partire dal 1952 con metodi più sbrigativi ed efficaci, tra i quali si distingue la deportazione della popolazione civile in "nuovi villaggi" fortificati per rompere il legame che mantenevano con la guerriglia.

Ancora più violenta la repressione che ebbe luogo in Kenya, dove la società segreta dei Mau Mau aveva iniziato a lottare contro gli inglesi – colpevoli di avere loro sottratto la terra all'epoca della conquista coloniale considerandola di proprietà delle tribù e non, com'era, delle famiglie. Nel 1950 i Mau Mau, che appartenevano prevalentemente a tribù kikuyu, furono costretti alla clandestinità dagli inglesi e videro crescere l'appoggio popolare negli anni seguenti, malgrado la loro azione diventasse violenta e minacciosa (con rituali aggressivi, torture e, secondo accuse non provate, cannibalismo) anche nei confronti di chi rifiutava di seguire il loro esempio o degli africani che

[12] Général Aussaresses, *Services Spéciaux. Algérie 1955-1957. Mon témoignage sur la torture*, Perrin, Paris 2001, p. 10. Ufficiale dell'esercito francese in Algeria dal 1955, agli ordini del generale Massu, Aussaresses si convince della "necessità" della tortura per fermare le azioni terroristiche, pur mantenendo un atteggiamento di contrarietà morale e vivendo un forte disturbo personale.

mantenevano rapporti con i britannici o lavoravano per loro. Giustificandosi spesso con l'impossibilità di distinguere i Mau Mau dagli altri Kikuyu, gli inglesi imprigionarono e uccisero centinaia di persone innocenti e molti soldati britannici si misero a collezionare mani di Mau Mau come avevano fatto gli uomini di re Leopoldo nel Congo.

In seguito all'eccidio di Lari, compiuto il 26 marzo 1953 contro un villaggio kikuyu dove vennero bruciati oltre cento abitanti con donne e bambini, i Mau Mau iniziarono a perdere il sostegno popolare. Gli inglesi organizzarono squadre paramilitari composte da africani e in alcuni casi da stessi ex Mau Mau che affiancarono nella repressione le truppe regolari. I guerriglieri catturati venivano uccisi immediatamente, a centinaia nel 1953 e a migliaia nel 1954-1955. Nel 1954 venne posta sotto assedio l'intera città di Nairobi, trentamila persone vennero interrogate e diciassettemila arrestate e costrette a offrire prove della loro innocenza se non volevano finire in campi di detenzione. Le violenze sui prigionieri, commesse spesso da soldati della Kikuyu Home Guard ma tollerate dagli inglesi (torture, uccisioni, castrazioni in massa), accompagnarono le ultime azioni di guerra e i colloqui di pace che ebbero luogo nel 1955-1956. Nel 1961 venne rilasciato Jomo Kenyatta, accusato di parteggiare per i Mau Mau, che due anni dopo sarebbe divenuto il primo presidente del Kenya indipendente. Nel 2002, cinquant'anni dopo la dichiarazione dello stato d'emergenza in Kenya, ufficiali dell'esercito britannico hanno rivelato che l'uso della violenza contro i sospetti era autorizzato da Londra. Il nuovo responsabile dei campi di detenzione, nel 1957, aveva ricevuto l'ordine di avvalorare l'ipotesi che tutti i Kikuyu avevano giurato segretamente fedeltà ai Mau Mau; e non sarebbero quindi stati rilasciati se non avessero confessato di averlo fatto.

L'America Latina ha conosciuto, soprattutto nel corso degli anni settanta, un livello di violenza che non aveva mai sperimentato nella sua pur turbolenta storia. In un paese, tuttavia, ancora oggi tra i più afflitti da una violenza continua e diffusa, la conflittualità ha radici più antiche, negli anni che seguono la fine della Seconda guerra mondiale. In Colombia il decennio che va dal 1948 al 1958 è conosciuto, da sempre e in maniera semplice ed esplicita, come *La Violencia*. L'inizio è rappresentato dall'assassinio del candidato liberale alla presidenza, Jorge Eliécer Gaitán, ucciso il 9 aprile 1948 in una strada di Bogotá. L'omicidio dell'uomo che rappresentava le speranze di un vasto movimento riformatore che andava dai liberali ai comunisti diede luogo al *Bogotazo*, una ribellione popolare che seminò distruzione nella capitale. Di fronte alla minaccia di rivolte contadine che avrebbero messo in discussione il potere delle oligarchie esistenti, i liberali appoggiarono il governo del conservatore Gómez nelle misure repressive che prese per stroncare le proteste e le ribellioni.

Nei distretti agrari crebbero bande armate contadine che cacciarono per lunghi periodi i proprietari dalle campagne e si difesero con le armi dalla repressione governativa. Nel 1953 il generale Gustavo Rojas Pinilla organizzò un colpo di stato per riportare l'ordine, ma alimentò di fatto l'opposizione armata contadina finché fu costretto a proclamare un'amnistia (nei loro confronti e in quelli dei seguaci di Gómez). Le violenze, invece, ripresero, da parte di gruppi conservatori contro i contadini e da parte di questi contro i proprietari. Nel 1957 sia i liberali sia i conservatori decisero di ricorrere allo sciopero generale per costringere il generale Pinilla ad abbandonare il potere. L'azione militare da lui compiuta nel distretto di Tolima aveva suscitato un vasto movimento armato di autodifesa, da cui in seguito sarebbero nate le Fuerzas Armadas Revolucionarias de Colombia (FARC, Forze armate rivoluzionarie di Colombia), il primo e maggiore gruppo guerrigliero degli anni sessanta. A partire dal 1958 un accordo di Fronte Nazionale previde l'alternarsi al governo ogni quattro anni di conservatori e liberali. I morti civili de *La Violencia* furono circa duecentomila.

Fu in Cina che, negli anni cinquanta e sessanta, si ebbe il maggior numero di vittime. Già nel corso della Guerra civile erano morti circa due milioni tra le forze comuniste e i nazionalisti del Guomindang, almeno la metà in combattimenti; e un numero forse analogo deve essere considerato vittima delle purghe che accompagnarono i primi anni d'instaurazione del regime comunista (purghe contro gli elementi borghesi, individualisti, controrivoluzionari, corrotti). A queste vittime "interne" vanno aggiunti i quattromila soldati della debole miliziana tibetana (in tutto ottomila uomini) che vennero sbaragliati da quarantamila militari cinesi inviati da Mao Zedong per annettersi il Tibet nel silenzio della comunità internazionale. Negli anni successivi le vittime tibetane della repressione cinese supereranno il milione, quasi la metà di essi nella ribellione del 1959 e oltre duecentomila morti in prigione.

Gli sforzi di imporre al paese una crescita economica accelerata insieme a una trasformazione della società e della mentalità collettiva in senso socialista, spingono Mao nel 1958 a lanciare la politica del Grande balzo in avanti, destinata a far crescere la produzione e la produttività soprattutto nelle campagne e a portare una coscienza politica rivoluzionaria a cinquecento milioni di contadini. Il cuore di questa grande riforma sono le Comuni popolari, organismi sociali collettivi che unificano attività agricola e industriale in grandi agglomerati, costringendo gli appartenenti a una vita collettiva che possa distruggere gli ultimi retaggi di proprietà insieme all'egoismo e alla mentalità individualistica. Centoventi milioni di famiglie contadine sono raccolte in oltre settecentomila cooperative, suddivise a loro volta in ventimila Comuni.

Malgrado gli evidenti insuccessi economici di questa radicale e forzata ingegneria sociale, Mao riesce a zittire i pochi oppositori e a fare continuare il progetto. I contadini vivono adesso in strutture collettive, con cucine comuni, così come lo sono i servizi igienici e le strutture educative, partecipando in numero elevato (duecento milioni) a una milizia popolare che accompagna la militarizzazione della vita quotidiana. Tra il 1958 e il 1961 la produzione di grano crolla drammaticamente, spingendo alcune Comuni a dividersi nuovamente in cooperative e brigate di lavoro più limitate. Le avverse condizioni meteorologiche impoveriscono ulteriormente i raccolti, mentre Mao individua nelle Comuni le istituzioni simbolo del passaggio dal socialismo al comunismo.

Saranno oltre venti milioni i cinesi vittime di carestie, fame, malattie, superlavoro negli anni del Grande balzo in avanti: vittime non di una repressione cosciente, di un massacro premeditato, di una strage improvvisa, ma di un progetto di trasformazione sociale radicale cui viene sacrificata la stessa protezione della vita dei cittadini che ogni stato dovrebbe avere in cima ai propri obiettivi.

La lenta ripresa economica dopo il fallimento del Grande balzo riporta nel 1965, insieme a un parziale ripristino dei mercati privati, al livello produttivo del 1957. Dentro il partito comunista si scontrano due linee che intendono in modo differente il compito di dare una "educazione socialista" alle masse: quella di chi vi vede la possibilità di un rinnovamento delle istituzioni (Liu Shaoqi e Deng Xiaoping) e quella di Mao – appoggiato dal nuovo capo dell'esercito Lin Biao – che la presenta come campagna di coinvolgimento delle masse per combattere la morale individualista e l'ideologia borghese.

L'indottrinamento di milioni di soldati attraverso il *Libretto rosso*, in cui sono riportate citazioni di Mao utili per ogni situazione e occasione, sancisce la prevalenza della linea di Mao, il cui invito alla mobilitazione è accolto da giovani e giovanissimi nati sotto il comunismo, spesso esclusi dalla politica e dalla cultura, frustrati nel loro desiderio di promozione sociale, ostili a un partito che vedono in mano a vecchi e burocrati. Saranno loro a formare le Guardie rosse, che dilagheranno per tutto il paese mettendo alla berlina i detentori del potere (dirigenti politici, professori universitari, funzionari statali) in maniera sempre più violenta, intrecciando umiliazione e brutalità nei confronti delle loro vittime. Protette e incoraggiate da Mao e da Lin Biao, le Guardie rosse creano nel paese caos e paralisi, estendendo presto la loro ostilità perfino verso l'esercito e creando al loro interno fazioni che si fronteggiano sempre più spesso.

Nell'estate del 1967 gli scontri tra Guardie rosse ed esercito si moltiplicano, con decine di migliaia di vittime, così come in quelli tra studenti e operai. Nel frattempo milioni di quadri del partito, accusati di deviazioni borghesi, vengono inviati nelle campagne per redimersi attraverso il lavoro materiale e ricevere un ossessivo indottrinamento ideologico. "Diventammo grandi in fretta, senza rivalità, senza litigi e senza risentimenti reciproci," ha raccontato in un bel romanzo storico una figlia di quell'epoca, "senza cioè nessuno dei normali problemi – o forse piaceri – degli adolescenti. La Rivoluzione culturale aveva distrutto l'adolescenza normale, con tutte le sue insidie, e ci aveva proiettati prima del tempo in una maturità responsabile. [...] Oltre a noi milioni di cittadini furono esiliati nelle campagne: grazie a quel provvedimento, i giovani non si sarebbero più aggirati per le strade senza avere nulla da fare, creando problemi agli altri solo perché si annoiavano, e gli adulti come i miei genitori avrebbero finalmente avuto un 'futuro'."[13]

Nel 1971 Mao decide che la pressione cui è sottoposto il partito (che ha perso il 20% degli iscritti) deve terminare e abbandona Lin Biao che muore in circostanze oscure mentre fugge dopo un complotto fallito. Adesso sono le Guardie rosse a essere mandate nelle campagne a rieducarsi, in nome del ripristino di un ordine interno che coinciderà con l'avvicinamento agli Stati Uniti sul piano internazionale. Le vittime della Rivoluzione culturale, sul cui numero gli storici discutono ancora dividendosi più che per altri eventi, si calcolano attorno al milione.

"Avveniva in questo modo: un particolare villaggio veniva circondato da squadre di giovani nazionalisti e religiosi. Una massa di membri della gioventù Ansor [affiliati al Nahdatul Ulama, il principale partito politico islamico] venivano condotti lì da diverse parti della regione Kediri. Di media venivano coinvolte tremila persone. L'aspettativa era che, con

[13] Jung Chang, *Cigni selvatici. Tre figlie della Cina*, Longanesi, Milano 1994, pp. 469 e 491.

il villaggio circondato, nessun comunista sarebbe riuscito a fuggire. Era parecchio efficace. Ogni giorno, mentre si andava o tornava da scuola, vedevamo cadaveri di comunisti che galleggiavano sul fiume Brantas. Il fatto è che la scuola era situata a occidente del fiume. Generalmente non si riconosceva che fossero cadaveri umani. Erano senza testa. Con lo stomaco aperto. L'odore era incredibile. Per essere certi che non affondassero erano stati deliberatamente legati a pali di bambù, o impalati su essi. La partenza dei cadaveri dalla regione Kediri lungo il Brantas raggiungeva il suo momento d'oro quando i corpi venivano accatastati insieme sulle zattere sopra cui sventolava orgogliosamente la bandiera del PKI."[14]

Tra l'ottobre del 1965 e il marzo del 1966 circa mezzo milione di persone vennero massacrate in Indonesia. In gran parte si trattava di membri del Partito comunista indonesiano ma tra le vittime vi furono parecchi non comunisti finiti per errore o per vendetta personale nelle mani dei massacratori. Accusati di avere preparato un colpo di stato, i comunisti furono oggetto di una caccia all'uomo organizzata da milizie militari e gruppi di civili armati appartenenti per lo più a partiti politici d'ispirazione religiosa. Gli ortodossi islamici, i nazionalisti e i militari condividevano odio e paura per il più grande partito comunista non appartenente al blocco socialista, forte di circa tre milioni di iscritti, che il presidente Sukarno aveva coinvolto nel suo progetto di democrazia "guidata" iniziato nel 1959.

Il primo ottobre 1965 sei generali anticomunisti erano stati rapiti e uccisi a Giacarta e da una base aerea vicina i responsabili avevano annunciato la presa del potere da parte di un Consiglio rivoluzionario. Benché si trattasse di un'azione isolata la cui dinamica non si è mai pienamente compresa, anche i comunisti pensarono che il partito aveva cercato di prendere il potere. Nella maggior parte del paese vi furono pochi giorni di calma relativa, nell'attesa che la situazione si andasse chiarendo. Nelle aree a più forte mili-

[14] *Century of Genocide. Eyewitness Accounts and Critical Views*, cit., pp. 254-255.

tanza islamica (come nel Nord Sumatra) le uccisioni ebbero invece subito inizio, per poi diffondersi in tutto il paese. Le forze militari, spesso direttamente coinvolte in raid contro gruppi e comunità, diedero comunque aiuto alle squadre della morte o assistettero inerti alle loro azioni. Di notte, in genere, gruppi di comunisti venivano uccisi a colpi di baionetta o di *parang* (una sorta di machete) oppure condotti lontani dai loro villaggi e massacrati in zone deserte. I cadaveri venivano gettati nei fiumi o in caverne o bruciati, in gran parte mutilati (in base alla credenza che a un corpo sfigurato corrispondesse un danno per l'anima).

Due milioni di persone, nel corso degli eccidi che si conclusero con il colpo militare che portò al potere il generale Suharto, vennero imprigionate e soffrirono fame, isolamento, percosse, umiliazioni. Circa tre milioni si convertirono, negli anni successivi ai massacri, al cristianesimo (anche se squadre della morte cristiane parteciparono alle stragi, molte chiese svolsero un ruolo solidale con le famiglie delle vittime).

La memoria della violenza scomparve quasi del tutto con i membri del partito comunista; grazie anche alla "comprensione" dimostrata dall'Occidente: il "New York Times" descrisse la soppressione del PKI come "la migliore notizia per l'Occidente in Asia per anni".[15]

In uno dei più grandi stati africani di nuova indipendenza, nella sua regione più ricca, oltre un milione di persone moriranno di fame e di stenti alla fine degli anni sessanta. In Nigeria, sottrattasi al dominio coloniale nel 1960, nel 1966 ha luogo un colpo di stato che dopo tensioni e incertezze vede emergere come leader un giovane ufficiale, Yakubu Gowon. I cittadini di etnia ibo – che sono maggioranza nell'Est del paese – sono oggetto di assalti e violenze nel Nord e fanno precipitosamente ritorno nella loro regione. Qui arrivano in un milione, cui si aggiungono altri cinquecentomila profughi provenienti dalle zone occidentali

[15] *Vengeance with a smile*, "New York Times", July 16, 1966, p. 26.

della Nigeria. Il colonnello Chukumeka Ojukwu, che è la figura più influente di questa regione, decide di separarla dal resto del paese proclamandone l'indipendenza nel maggio 1967. Nasce così il Biafra, che dispone delle maggiori riserve petrolifere della Nigeria.

Dopo alcuni successi iniziali il nuovo stato è costretto sulla difensiva: nella controffensiva condotta dal governo federale, intenzionato a porre fine alla secessione, perde alcuni dei suoi territori più ricchi. Il blocco economico con cui la Nigeria ha posto sotto assedio il Biafra provoca una spaventosa carestia: oltre un milione di persone è vittima di fame, malnutrizione, malattie nel giro di poco più di un anno. Ojukwu sa che la guerra è perduta ma teme che una resa spinga i soldati federali a nuovi massacri contro gli Ibo, addirittura a un genocidio.

A livello internazionale l'Unione Sovietica fornisce di armi il governo federale e la Gran Bretagna l'appoggia diplomaticamente; solo la Francia, pur non riconoscendo il nuovo stato del Biafra, si preoccupa – insieme a organizzazioni umanitarie di varie parti del mondo – della situazione di emergenza che si è creata. Centinaia di migliaia sono i morti in combattimento, in larga misura appartenenti al Biafra. Nel gennaio del 1970 la resa del Biafra porta alla ricostituzione dello stato nigeriano con una differente divisione organizzativa del suo territorio.

"Ho visto cose in Biafra questa settimana," scrive nell'aprile del 1968 il corrispondente del "Sunday Times", "che nessun uomo dovrebbe poter vedere. Visioni da colpire il cuore e disgustare la coscienza: ho visto bambini arrostiti vivi, giovani ragazze fatte a pezzi dalle granate, donne incinte sbudellate e vecchi esplodere in tanti frammenti. Ho visto queste cose e ho visto le loro cause: aerei russi Ilyushin guidati da piloti della Nigeria federale sganciare le loro bombe su tutto il Biafra... A Onisha trecento appartenenti alla Congregazione della Chiesa apostolica decisero di rimanere e pregare per la loro liberazione mentre altri fuggivano. Gli uomini della Seconda divisione comandati dal colonnello Mohammed li trovarono in chiesa, li trascinarono fuori, legarono loro le mani dietro la schiena e li uccisero."[16]

In un altro paese africano, il Burundi, i primi anni settanta portarono massacri e stragi che all'epoca vennero pressoché ignorati dall'opinione pubblica internazionale. Il governo in carica denuncia l'esistenza di un complotto hutu per rovesciarlo, che s'intreccia con il rapimento in Uganda, con la complicità di Idi Amin, dell'ex re Ntare V, accusato di un piano sedizioso per restaurare la monarchia con l'aiuto di guerriglieri zairesi contrari a Mobutu. Ai cittadini tutsi vengono consegnate armi, mentre cresce la propaganda contro il "pericolo hutu". Un piano generalizzato di repressione, con liste di personalità hutu eminenti e di membri delle élite colte, era stato preparato dal partito Uprona al potere insieme ai militari. Saranno proprio gruppi misti di soldati dell'esercito e delle milizie paramilitari dell'Uprona a compiere la maggior parte delle violenze.

Le uccisioni hanno inizio in maggio, dopo che il presidente Micombero ha sciolto il governo e che la radio ha annunciato un'invasione di duecento mercenari dallo Zaire e la sollevazione dei "tribalisti" (così venivano chiamati gli Hutu dalla propaganda del governo tutsi). I morti sono circa ottomila al giorno, per cento giorni, e vengono ammucchiati in camion scoperti che attraversano le strade delle città e delle campagne; i mezzi più usati per squartare e impalare sono i machete e i bambù, più raramente si uccide con le armi da fuoco. Tra i massacri più numerosi e significativi vi sono quelli che colpiscono gli studenti hutu dell'Université Officielle di Bujumbura e numerose scuole superiori, dove studenti tutsi partecipano direttamente all'uccisione dei propri compagni. Il totale delle vittime – proprio recentemente è stata formata una commissione d'inchiesta internazionale – varia dai centocinquantamila ai trecentomila secondo stime diverse, in quest'ultimo caso attorno al 7% della popolazione e al 13% della popolazione maschile hutu. Ancora a metà agosto, men-

[16] *Nightmare in Biafra*, "Sunday Times", April 26 1968, p. 12.

tre proseguivano le stragi, l'arcivescovo del Burundi, André Makarakiza, si scagliava contro i "tribalisti fomentatori di disordini", pur se diversi preti cattolici e pastori protestanti hutu erano tra le vittime della violenza.

"Avevano un modo particolare di tagliare la pancia di donne incinte. Tutto quanto si trovava all'interno veniva esposto senza tagliare il cordone e il cadavere della mamma e del bambino marcivano nelle strade. Le mamme erano obbligate a mangiare le dita del loro bambino. Uno tagliava il dito al bambino e un altro diceva alla mamma: mangia! Ricordo un altro caso, sempre in Bujumbura, legarono insieme un padre con una figlia e dissero: adesso potete festeggiare, e li gettarono nel lago. Mio fratello più grande venne legato e trascinato sull'asfalto dietro una macchina. L'intenzione dei Tutsi era di portare la popolazione hutu al 50%. Il corpo di mio fratello venne lasciato nella foresta, se lo avessero lasciato sulla strada gli stranieri lo avrebbero visto. Le ragazze tutsi delle scuole superiori ricevettero dei bambù per uccidere le ragazze hutu. Erano spinte a farlo spingendo i bambù da sotto fino in gola. È una cosa davvero contro la legge di Dio"[17].

La violenza più estesa e terribile che ebbe luogo nei primi anni settanta fu legata al tentativo di creare uno stato indipendente nel territorio di uno stato postcoloniale che aveva raggiunto l'indipendenza nel dopoguerra. La guerra che portò alla creazione del Bangladesh durò nove mesi, con esiti terribili sul piano umano: tre milioni di morti, trecentomila ragazze e donne stuprate, dieci milioni di profughi in India, trenta milioni di sfollati all'interno del paese.

Nel corso della partizione dell'India, i musulmani del Bengala avevano costituito parte integrante – pur se geograficamente lontana – del Pakistan, ma presto avevano visto la propria identità ignorata dal nuovo stato. Benché co-

[17] Intervista raccolta nel campo profughi di Mishamo, Tanzania, nel 1987. Si trova in *Century of Genocide. Eyewitness Accounts and Critical Views*, cit., p. 330.

stituissero il 54% dell'intera popolazione pakistana, l'unica lingua ufficiale divenne l'urdu, parlata dal 7%, venendo così di fatto esclusi da ogni funzione e potere pubblici. Il nazionalismo dei musulmani bengalesi si accrebbe per il senso di sfruttamento economico cui erano sottoposti dal Pakistan, anche se ogni tentativo di ottenere maggiore autonomia non ebbe successo.

Nel 1970, le prime elezioni libere del Pakistan videro la vittoria – a livello nazionale – della Lega Awami, il partito dei musulmani bengalesi, che ottenne il controllo della provincia e il diritto di presiedere il governo federale, continuamente rinviato dal generale Yahya Khan, comandante dell'esercito e premier provvisorio del governo. Per bloccare una vasta protesta non violenta che aveva paralizzato il Pakistan orientale, il generale Yahya ordinò il 25 marzo 1971 di attaccarne la capitale, Decca, e altri centri urbani, uccidendo migliaia di persone, distruggendo case e proprietà e arrestando il capo della Lega Awami, Mujibur Rahman.

Il movimento nazionalista cessò ogni protesta pacifica e dalla città di Chittagong dichiarò l'indipendenza del Bangladesh il 26 marzo. Per nove mesi, finché i nazionalisti bengalesi non ebbero la meglio grazie all'appoggio dell'esercito indiano, l'esercito pakistano iniziò a compiere massacri per tutto il paese, cercando di terrorizzare la popolazione e costringere i nazionalisti alla resa. Interi villaggi e zone rurali ritenuti ospitali con i membri della guerriglia vennero saccheggiati e incendiati, e la popolazione distrutta, ma gli obiettivi privilegiati furono le università e le scuole, per annientare le élite colte e i dirigenti del movimento nazionalista.

Sul piano internazionale l'India, l'Urss e il blocco sovietico si schierarono con il Bangladesh, mentre la Cina, gli Stati Uniti e i loro alleati difesero il punto di vista pakistano. In Europa e negli Usa, tuttavia, furono molti – nei mass media e nel mondo della cultura, ma anche nel mondo politico – ad appoggiare le denunce fatte dal Bangladesh e porsi contro la posizione dei propri governi. Fu soprattutto l'India, dove lo stato del Bengala occidentale era stato invaso da dieci milioni di profughi, a costituire il retroterra diplomatico e militare che permise al Bangladesh di vincere la guerra per l'indipendenza, sia pure con un prezzo umano elevatissimo e terribile.

"Ero studente nell'Università di Dacca. La notte del 25 marzo mi sono svegliato al rumore terribile di colpi di arma da fuoco [...] Tutto il tempo i soldati ci maledivano e ingiuriavano, dicendoci: ora vediamo come ottenete un Bangladesh libero, forza perché non gridate *Joy Bangla* (vittoria al Bengala)? Per le scale vedemmo pile di cadaveri, che fummo costretti a trasportare sotto la minaccia di venire uccisi. Sentimmo urla femminili e capimmo poi che erano grida dai dormitori vicini dove i soldati stavano sparando ai mariti delle ragazze [...] Pensavo che sarei stato ucciso, aspettavo che i soldati venissero a spararmi. Dopo parecchio tempo sentii piangere donne e bambini, aprii gli occhi e vidi che l'esercito se n'era andato e tutt'attorno era pieno di cadaveri, anche se vi era gente ferita ma ancora viva. Tutto quello che volevo era fuggire dal campus e sopravvivere."[18]

Nel corso degli anni sessanta gli Stati Uniti erano stati progressivamente coinvolti nel Vietnam del Sud, nel tentativo di aiutare il governo locale a sconfiggere la guerriglia comunista che si era diffusa in larghe zone del paese. Alla morte di Kennedy, il nuovo presidente Johnson aveva sostituito l'invio di "aiuti tecnici" e "consiglieri militari" con bombardamenti diretti nel Vietnam del Nord (dall'agosto 1964) e poi con l'invio crescente di militari americani che raggiungono, nel 1968, mezzo milione. A seguito dell'offensiva del Têt del gennaio di quell'anno, la strategia americana sembra entrare in crisi. Il nuovo presidente eletto in novembre, Richard Nixon, blocca di fatto i colloqui di pace di Parigi e riprende i bombardamenti allargandoli alla Cambogia e al Laos anche se sarà costretto nel gennaio 1973 a firmare il trattato di pace, che anticipa di due anni la fuga definitiva degli statunitensi dal territorio vietnamita.

[18] *Century of Genocide. Eyewitness Accounts and Critical Visions*, cit., pp. 306-308.

Nel marzo 1971, nel pieno di reiterati sforzi dell'Amministrazione Nixon di ridare slancio e credibilità a una guerra ormai persa, a tre anni dal fatto, il tenente William Calley veniva posto sotto processo per il massacro compiuto a My Lai, il 16 marzo 1968, di oltre cinquecento civili vietnamiti, in maggior parte donne, vecchi e bambini. La Compagnia Charlie, cui apparteneva Calley, era entrata nel villaggio e aveva iniziato a massacrare vecchi e bambini raggruppati attorno a un tempio a bruciare incenso, poi, sistematicamente, aveva rastrellato ogni abitazione e portati gli abitanti in piazza. Le testimonianze evidenziarono l'eccitazione e il piacere dei soldati coinvolti nella carneficina; solo pochi osarono protestare e molti preferirono far finta di non vedere e non sentire.

Un mese dopo, alla Commissione esteri del Senato, l'ufficiale navale John Kerry, decorato con diverse medaglie per il suo impegno nella guerra, raccontò che "alcuni mesi fa, a Detroit, abbiamo fatto un'inchiesta sui crimini di guerra commessi nel Sud-est asiatico in cui hanno testimoniato oltre centocinquanta veterani congedati con onore e molti con le più alte decorazioni. Non si trattava di incidenti isolati ma di crimini commessi su base quotidiana con la piena consapevolezza degli ufficiali a ogni livello di comando. È impossibile descrivervi cosa è accaduto esattamente a Detroit – le emozioni nella stanza e i sentimenti degli uomini che rivivevano la loro esperienza in Vietnam. Stavano rivivendo l'orrore assoluto di quello che questo paese, in un certo senso, aveva fatto fare loro.

"Hanno fatto racconti in cui a volte essi stessi avevano direttamente stuprato, tagliato orecchie e teste, assicurato i fili elettrici del telegrafo portatile ai genitali di qualcuno dando poi corrente, staccate membra, esplosi corpi, sparato a caso a civili, rasi al suolo villaggi alla maniera di Gengis Khan, uccisi mandrie e cani per divertimento, avvelenato cibo e devastato le campagne del Vietnam in aggiunta alla normale devastazione di guerra e alla devastazione normale e molto particolare che i bombardamenti hanno provocato a questo paese... Vorrei dirvi qualcosa sui sentimenti che questi uomini portano con sé tornando dal Vietnam. Il paese ancora non lo sa ma ha creato un mostro, un mostro nella forma di milioni di uomini cui è stato insegnato a occuparsi e commerciare con la violenza".[19]

Le vittime totali della Guerra del Vietnam furono circa due milioni, la metà civili; i soldati americani uccisi oltre cinquantamila.

"Era una fredda sera del dicembre 1977, quando un gruppo di Khmer rossi armati ammassarono la mia famiglia e i vicini per una destinazione sconosciuta. Eravamo in un campo di lavoro forzato della provincia di Siem Raep, in quella che allora si chiamava la Kampuchea democratica popolare e che oggi si chiama Cambogia. Il nostro gruppo contava ottantasette persone e loro, i soldati, erano sette. Dopo un giorno di cammino faticosissimo ci fermammo in una vecchia ex pagoda buddhista e ci ordinarono di fermarci. Ci faceva piacere avere un attimo per respirare, ma il posto non era l'ideale per riposarsi. Lo conoscevamo come 'centro di trattamento', dove la gente veniva punita e perfino giustiziata per infrazioni minime. Lo chiamavano Campo di lavoro ma noi lo chiamavamo Campo di morte e pregammo che non ci facessero fermare lì. Dopo due giorni arrivammo a Tasource, un altro campo di lavoro dove ero stato quando lavoravo per la Brigata mobile. Pensavo di essere pelle e ossa, ma la gente che era lì era messa assai peggio di me. Fummo costretti a lavorare tutto il giorno e quasi tutta la notte per cinque agonizzanti giorni. Le nuove guardie erano crudeli e non avevano pietà. Molti morirono di fronte a me per infarto, malattia, fame, sfinimento. Ma la maggior parte morì per le percosse ricevute e molti erano condotti durante la notte verso la morte certa. Tutto il tempo mi chiedevo quando sarebbe successo anche a me, e desideravo che succedesse al più presto in modo da non dover più soffrire."[20]

[19] Testimonianza di John Kerry di fronte al Senate Committee on Foreign relations, 22 aprile, 1971.
http://ice.he.net/~freepnet/kerry/index.php?topic=Quotes
http://www.spartacus.schoolnet.co.uk/VNmylai.html

[20] http://www.cybercambodia.com/dachs/stories/ronnie.html

Così Ranachith Yimsut ricorda i giorni in cui furono massacrati i suoi parenti, amici e vicini, spesso da soldati di dodici anni o poco più, nel pieno del genocidio commesso dai Khmer rossi di Pol Pot dopo la conquista del potere, il 17 aprile 1975. Nell'arco di quattro anni, prima che truppe dell'esercito vietnamita facessero fuggire nel dicembre 1979 il governo e gli uomini di Pol Pot nella giungla, circa un milione e ottocentomila cambogiani erano stati uccisi in un periodo di terrore assoluto, che colpì in modo arbitrario la popolazione civile (soprattutto i ceti istruiti e i contadini che mostravano attaccamento alla terra) e sterminò le minoranze vietnamita, cinese e musulmana chams. L'ideologia di un ritorno coatto a una civiltà di villaggio, livellata egualitariamente nel lavoro forzato, prefigura un rimodellamento sociale ben più radicale della collettivizzazione forzata in Urss o del Grande balzo cinese. Una scuola della capitale Phnom Penh, Tuol Sleng, viene trasformata nella prigione S-21, simbolo dei massacri perpetrati dal *Santebal*, il servizio speciale di polizia alle dipendenze del partito comunista cui è affidata l'eliminazione dei nemici del regime.

Interessi geopolitici non permisero che la conoscenza tardiva dei crimini commessi dal governo di Pol Pot si trasformasse in un aperto atto di accusa e nella richiesta di una corte di giustizia internazionale per il crimine di genocidio. Con il sostegno di Stati Uniti e Cina i Khmer rossi mantennero il loro seggio all'Onu e solo nel 1994 vennero dichiarati fuorilegge dalla comunità internazionale.

Quasi un intero continente, nel corso degli anni settanta, conobbe stragi ripetute e uccisioni continue. L'America Latina, pur nella diversità della storia dei suoi stati e delle vicende dei suoi regimi, fu accomunata da un'ondata di violenza che si abbatté contro i suoi cittadini, in larghissima parte giovani desiderosi di maggiore libertà e giustizia. Già tra il 1962 e il 1964 otto colpi di stato militare avevano mutato il paesaggio politico sudamericano. Negli anni settanta dal Perú alla Bolivia, dal Brasile all'Argentina, dall'Ecuador al Guatemala, e perfino nelle due più solide e radicate democrazie, l'Uruguay e il Cile, si assiste all'emergere di regimi militari alcuni dei quali si macchieranno di stragi e massacri particolarmente efferati.

In Guatemala erano iniziate fin dagli anni sessanta le azioni di controguerriglia, che avevano trovato nella seconda metà del decennio una recrudescenza come risposta alla serie di attentati, rapimenti e assassinii compiuti da gruppi di ribelli. La strada scelta dal governo fu quella di una feroce repressione in poche e selezionate aree rurali, dove interi villaggi vennero rasi al suolo e corpi mutilati mostrati in pubblico come ammonimento per i civili. Questa brutale strategia sembrò sul momento vincente, ma favorì una diffusione di piccoli gruppi terroristici e guerriglieri cui il regime non seppe rispondere che con la diffusione di squadre della morte scatenate contro ogni oppositore politico. Dal 1966 al 1981, secondo le stime di Amnesty International, oltre trentamila persone furono vittime di questa violenza.

Il milione di sfollati e senzatetto causati dal terremoto del 1976 e l'incapacità del governo di usare a loro vantaggio gli aiuti internazionali, insieme ad altre cause di più lunga durata (corruzione, disuguaglianze sociali, mancanza di democrazia), diedero il via a una nuova fase di insorgenza rivoluzionaria, che portò nel 1981 la guerriglia a controllare quasi la metà delle province guatemalteche. La vicinanza del Nicaragua sandinista (dove nel 1979 la guerriglia aveva cacciato Somoza) rese il regime del Guatemala deciso a impedire in ogni modo l'estendersi della ribellione. Il generale Efraín Rios Monnt nel marzo 1982 depose il suo collega, generale Lucas, ritenuto troppo titubante e, con l'aiuto dei consiglieri americani di controguerriglia, diede l'avvio a una campagna di "separazione" della popolazione locale dai guerriglieri che si riteneva aiutasse. In otto mesi vennero massacrate settantacinquemila persone, più di quelle uccise dal governo Lucas in quattro anni; nella zona di Ixil, dove la guerriglia era più radicata, venne sterminato un terzo della popolazione. La campagna di violenta repressione fu accompagnata da una vasta azione di spostamento forzato di popolazione, che coinvolse oltre un milione di persone, circa la metà delle popolazioni indie che vivevano nelle aree dove operava la guerriglia; cui si accompagnò una politica di terra bruciata che distrusse raccolti, proprietà e lavoro di centinaia di migliaia di persone.

Solo nel 1996, un governo ormai in mano ai civili siglò un accordo di pace con i guerriglieri, ridottisi ormai a un sesto della loro forza iniziale, che pose fine a circa un trentennio di violenza continua.

Meno spaventosa in termini quantitativi, ma ben più scioccante per l'America Latina e il mondo intero, fu la violenta deposizione del governo di Allende in Cile, da parte del generale Augusto Pinochet e della sua *junta* l'11 settembre 1973. Migliaia di persone vennero uccise nei giorni e nei mesi che seguirono il colpo di stato, organizzato con il pieno appoggio della Cia e con l'approvazione dell'Amministrazione degli Stati Uniti. Ci vorranno quindici anni perché la società civile cilena, nel 1988, faccia di nuovo sentire la sua voce nel corso del referendum voluto da Pinochet per legittimare il suo successore. È l'inizio della fine per il regime militare, che l'anno successivo dovrà cedere il potere a un nuovo governo democratico.

Il simbolo peggiore della violenza di quel triste decennio per l'America Latina fu rappresentato dall'Argentina, dal 1976 al 1983 sotto una feroce dittatura militare che uccise oltre trentamila persone, giovani e giovanissimi in larga maggioranza. Trecento campi e centri di detenzione furono il luogo di torture e brutalità contro ogni tipo di opposizione politica o anche soltanto civica e morale al regime della giunta militare. La novità della violenza argentina si può riassumere in una sola parola, *desaparecidos*: a migliaia i prigionieri vennero fatti sparire tentando di negare e occultare la loro fine, sepolti in fosse comuni o gettati ancora vivi nell'oceano da apparecchi dell'aeronautica militare. Più di cinquecento bambini, nati nei luoghi di detenzione da madri sequestrate e poi uccise, vennero distribuiti tra i loro carnefici privi di figli.

"Nel febbraio 1977 mio marito scomparve. L'anno precedente era stato davvero duro. Compagni venivano rapiti ogni giorno e noi eravamo completamente clandestini e ci muovevamo di continuo perché nessuno dei nostri compagni imprigionati potesse identificarci sotto tortura. Ho dormito tantissime volte per strada, incinta, con mio figlio di due anni con cui stavo spesso tutto il giorno allo zoo finché a sera, quando chiudeva, qualcuno ci veniva a prendere. Il 20 febbraio nacque mio figlio e il sabato successivo portarono via mio marito... Poi irruppero in casa, avevo appena finito di allattare il piccolo. Mi presero a calci, mi aprirono i punti che mi avevano messo alla nascita, presero mio figlio per i piedi e gli misero una pistola in bocca. Ruppero tutto, dicendo che avevano l'autorità per farlo dalla sicurezza federale. Poi mi presero sul pavimento. Ricordare quel giorno mi fa sentire malissimo, era davvero terribile, spaventoso."[21]

Dopo la sconfitta militare seguita alla Guerra delle Falkland/Malvinas con la Gran Bretagna, la *junta* del generale Videla fu costretta a cedere il potere ai civili.

Il 22 settembre 1980 l'esercito dell'Iraq, con un'azione militare aerea e terrestre, invase l'Iran occidentale, lamentando attacchi di artiglieria iraniani e motivando l'aggressione con la disputa sul controllo dello Shatt al Arab, il fiume formato dalla confluenza del Tigri e dell'Eufrate che costituiva per centottanta chilometri il confine tra i due paesi. La caduta dello Shah l'anno precedente aveva spinto Saddam Hussein a ritenere possibile con facilità una revisione del trattato raggiunto nel 1975, che dava all'Iran un parziale controllo del corso d'acqua.

L'appoggio diplomatico e l'invio di armi da parte di Stati Uniti, Francia e Unione Sovietica non fu sufficiente a piegare la resistenza iraniana e nel 1982 l'esercito dell'ayatollah Khomeini recupera i territori perduti e passa al contrattacco. L'Iran prende possesso di alcune piccole isole ricche di pe-

[21] Patricia Marchak, *Reigns of Terror*, McGill-Queen's University Press, Montréal 2004, p. 249.

trolio e Saddam Hussein risponde usando armi chimiche messe al bando dalla comunità internazionale. Le azioni militari sono sanguinose e coinvolgono le popolazioni dei territori di confine. Nel 1985 i due governi iniziano a bombardare non più solo postazioni militari ma le principali città e le stesse capitali, uccidendo migliaia di civili. La guerra finirà nel 1988, dopo una forte pressione internazionale perché l'Iran accetti la tregua imposta dall'Onu, con il riconoscimento del trattato del 1975. Questo inutile conflitto è costato un milione di morti, milioni di feriti e rifugiati, sofferenze continue da parte di popolazioni già provate dalla dittatura e dalla miseria.

Le violenze che accompagnano la guerra civile balcanica degli anni novanta e la disintegrazione della Jugoslavia sono spesso il frutto di bande paramilitari che affiancano gli eserciti regolari e ne anticipano e determinano il comportamento contro i civili. Il nazionalismo sembra vincente e la mobilitazione contagia rapidamente anche i contrari o i tiepidi verso una politica di indipendenza statuale e di pulizia etnica contro le minoranze. Anche se scontri e violenze hanno luogo dapprima tra croati e serbi, sarà soprattutto in Bosnia che la pulizia etnica sarà condotta con maggiore efficacia e ferocia: campi di concentramento, esecuzioni sommarie di massa, fosse comuni, si succedono di fronte all'impotenza della comunità internazionale e all'indifferenza dell'Europa, che vede chiudersi il secolo nel tragico luogo di violenza dove era – almeno simbolicamente – iniziato, a Sarajevo.

Il bombardamento quotidiano della popolazione della capitale bosniaca, con i periodici massacri di civili intenti a cercare di sopravvivere all'isolamento, sarà alla fine determinante nello spingere gli Stati Uniti a dare il via ai raid aerei della Nato che nel giro di poche settimane condurranno al tavolo delle trattative a Dayton, in Ohio, tutti i principali responsabili del conflitto balcanico.

La barbarie che colpisce la popolazione bosniaca è in qualche modo condivisa da tutti. Il rapporto dell'inviato della Commissione sui diritti umani dell'Onu, l'ex premier polacco Tadeusz Masowiecki, accusa tutti i gruppi etnici di avere partecipato alla spirale di violenza (stupri, assassinii, incendi, mutilazioni, torture) ma individua nei serbi i responsabili delle maggiori atrocità, tra cui l'aver fatto comparire di nuovo in Europa veri e propri campi di concentramento.

È a poco più di un mese dalla fine della guerra, nel luglio 1995, che ha luogo l'episodio più cruento, paradigmatico e terrificante dell'intero conflitto: la conquista di Srebrenica e il massacro dei profughi che vi si erano rifugiati sotto la protezione delle Nazioni Unite. L'invio nel corso del 1994 di ulteriori caschi blu non aveva creato condizioni più favorevoli alla pace; le forze dell'Unprofor, infatti, non erano autorizzate all'uso delle armi per difendere i civili, neppure in presenza di una palese violazione della convenzione di Ginevra sui crimini di guerra. Tra le zone smilitarizzate e "protette" dai caschi blu c'è, appunto, Srebrenica, dove giungono mese dopo mese migliaia di profughi che fidano nella protezione internazionale per sfuggire ai massacri etnici delle Tigri di Arkan e dei soldati di Mladić. L'accordo siglato nel 1993, tra l'altro, ha imposto alle truppe Onu di requisire le armi di cui disponevano i bosniaci proprio in cambio della loro presenza.

Nel giugno del 1995 i soldati serbi prendono in ostaggio oltre trecento caschi blu, convincendo il comando Onu a non intervenire in nessun caso mentre le truppe dei serbo-bosniaci avanzano su Srebrenica, posta d'assedio nel luglio. I cittadini bosniaci chiedono di riavere le armi per difendersi, ma il contingente olandese osserva senza intervenire e lascia che le proprie postazioni vengano neutralizzate dagli uomini di Mladić e di Arkan. Oltre seimila vittime, secondo stime prudenti, finiscono nelle fosse comuni, quasi tutti uomini; donne e bambini vengono trascinati con la forza nei boschi, dove molte subiranno violenza e diversi verranno uccisi. L'accordo di Dayton, firmato il 21 novembre 1995, lascia un'eredità di duecentocinquantamila morti, cinquantamila persone torturate e altrettante donne stuprate, quattrocentomila prigionieri nei settecento campi di concentramento sparsi dappertutto, due milioni e mezzo di profughi.

Nell'aprile 1994, mentre in Bosnia si uccideva in nome della pulizia etnica, un genocidio iniziava a consumarsi nel centro dell'Africa, in Ruanda. È il cosiddetto *genocidio del machete*, dallo strumento maggiormente usato per infliggere la morte. In cento giorni verranno uccise ottocentomila persone, di cui più dei due terzi in appena sei settimane. A uccidere sono delle milizie paramilitari, le *interahamwe* ("quelli che stanno insieme"), e le vittime sono in larghissima maggioranza Tutsi, cui si aggiungono numerosi Hutu moderati, ostili al governo e fautori di riforme e di convivenza. Spesso cittadini hutu sono costretti con le minacce e con la violenza a uccidere i loro vicini tutsi, mentre la radio incita a "non risparmiare neppure i bambini, non risparmiare i vecchi, non risparmiare le vecchie".

Hutu e Tutsi sono le due etnie codificate e classificate rigidamente negli anni venti e trenta dal colonialismo belga (che introdusse il passaporto etnico e costrinse ognuno, anche se nato da un genitore hutu e uno tutsi, a scegliere la propria etnia), cui i missionari cristiani hanno attribuito una diversa origine (gli Hutu indigeni e i Tutsi provenienti dall'Etiopia) e una differente gerarchia sociale e culturale (più elevata ed egemone quella tutsi, subalterna quella hutu). Le violenze e i massacri che avevano fatto seguito all'indipendenza del paese, quando la maggioranza hutu era andata al potere, avevano creato centinaia di migliaia di profughi tutsi in Zaire e in Uganda. Organizzati militarmente nel Fronte patriottico del Ruanda (RPF), questi esiliati penetrano nei confini del paese e minacciano il governo in carica. Nel 1993 colloqui di pace sembrano aver prodotto un accordo stabile che prevede un governo di transizione con all'interno Tutsi e Hutu moderati e una fusione tra l'esercito del RPF e quello governativo. Il 6 aprile 1994 l'aereo su cui si trovava il presidente Habyarimana viene fatto esplodere e, immediatamente, hanno inizio le violenze: i primi a venire colpiti sono gli Hutu moderati, poi i leader tutsi, infine i comuni cittadini tutsi e gli Hutu che si rifiutano di partecipare al massacro.

Il generale canadese Romeo Dallaire, alla testa di un contingente Onu di duemilacinquecento uomini, invita i suoi superiori a inviare altri cinquemila caschi blu, con cui si dice convinto di poter fermare la violenza. La risposta del Consiglio di sicurezza dell'Onu è il ritiro di duemiladuecentotrenta uomini. I massacratori hanno via libera, a volte con la benedizione delle autorità religiose (cattoliche e protestanti). Agiscono sulla base di liste preparate in precedenza e al tempo stesso eccitano a una violenza spontanea fondata sulla diffusione dell'odio.

In luglio, dopo mesi di violenze inenarrabili, l'esercito del Fronte patriottico raggiunge Kigali e costringe il governo alla fuga. Sono gli Hutu, adesso, a fuggire: in due milioni attraversano il confine con la Repubblica democratica del Congo, dove inizieranno una difficile vita in campi profughi. Tra loro molti che temono la vendetta dei Tutsi, molti ancora imbevuti della propaganda, ma molti anche coloro che sono stati responsabili e partecipi dei massacri.

"Il più grande disastro e la più grande vergogna della nuova Russia sono le due guerre cecene e il genocidio *de facto* del popolo ceceno. La prima era necessaria a Eltsin per aumentare i propri consensi e venne usata dal suo seguito per arricchirsi con miliardi di rubli. La seconda guerra cecena è stata necessaria all'erede del primo presidente della Russia. L'attacco inspiegabile nel Daghestan da parte di due leader della guerriglia cecena e, più importante, le esplosioni di palazzi nelle città russe che hanno causato centinaia di vittime hanno garantito a questa guerra un appoggio nazionale quasi totale e a Putin un'alta popolarità ed elezioni sicure."[22]

Così parlava nel 2000 Elena Bonner, vedova di Andrej Sacharov, in occasione della consegna del premio Hannah Arendt. Era da poco iniziata la seconda guerra cecena (la prima era durata dal 1994 al 1996, sull'onda della dissoluzione dell'Impero sovietico), in un clima di violenza, attentati ter-

[22] Elena Bonner, *The Remains of Totalitarianism*, in "New York Review of Books", n. 4, vol. XLVIII, March 8 2001, pp. 4-5.

roristici, assassinii politici. La distruzione di alcuni palazzi a Mosca, che aveva fatto centinaia di vittime, era servita da giustificazione per riprendere il conflitto. L'esercito russo aveva ricominciato a bombardare Grozny il 23 settembre 1999, per la prima volta dal 1995, e aveva circondato la capitale cecena. Dopo due mesi duecentocinquantamila profughi erano già fuggiti in Inguscezia, mentre l'esercito russo occupa diverse città e i sobborghi di Grozny, di cui continua la distruzione. La città è presa nel febbraio 2000, mentre si moltiplicano le notizie di violenze, abusi, torture nei confronti di prigionieri e della popolazione locale. A inizio 2001 gran parte delle truppe russe verranno richiamate, sostituite da uomini del Servizio di sicurezza federale (FSB). Circa il 10% della popolazione cecena (tra ottocentomila e un milione) è stata sterminata – ultimo il massacro di Novye Aldy del 5 febbraio 2001 – e almeno triplo è il numero dei profughi, stupri e torture sono stati all'ordine del giorno, la distruzione di case e città ha costituito la norma.

La guerra sembra finita, inizia la stagione del terrorismo e dell'antiterrorismo, dei terroristi suicidi e della umiliazione e sottomissione di un'intera popolazione accusata di complicità col terrorismo.

Conclusioni

Riflettendo sul carattere del Novecento nel momento del passaggio dal XX al XXI secolo, lo storico americano Charles Maier ha così riassunto:

"Alla fin fine, non so dire se il XX secolo sia stato il peggiore di tutti. Esso ingloba due storie: lo scontro titanico tra ideologie collettive omicide, ormai giunto al termine, e il dramma persistente dello sviluppo globale e della diseguaglianza. Il XX secolo conserverà una luce particolarmente livida col suo paesaggio morale fortemente contrastato e drammatico come un grande dipinto barocco. Se un'epoca può essergli paragonata, è il secolo tra il 1550 e il 1650: anche quella fu un'era di grandi crociate ideologiche, di conquiste territoriali, di genocidi casuali ma utili, di caccia appassionata all'oro e alla conversione delle anime, di massacri brutali, di attenzione manierista per il corpo disteso, di fede calvinista nella predestinazione: ecco il vero precursore del nostro secolo.

"'Peggiore degli altri?' Forse più ambizioso degli altri nell'intento di riplasmare le coscienze. Potremmo arrivare a stabilire, ritengo, che il XX secolo (o più esattamente il periodo che inizia con la seconda metà del XIX), assieme al XVI – secoli entrambi caratterizzati da grandi conflitti di fede, da organizzazioni imperiali, dalla prevalenza in Occidente di grandi scontri ideologici, ma anche dal confronto dell'Occidente con le altre culture mondiali, turche e musulmane, centroamericane, sud asiatiche, africane e dell'Estremo Oriente – furono tutti e due, distintamente, i nostri secoli più ambiziosi: ambizioni che portano con sé non una regressione ma spesso una crudeltà impersonale, la propensione a disprezzare la vita e a porre i grandi progetti di ricostruzione ideologica al di sopra degli individui o persino della felicità e della sopravvivenza degli aggregati individuali".[1]

Pur se appena iniziato, porre a confronto il XXI secolo con quello precedente sembra essere diventato inevitabile. Soprattutto a proposito della violenza. È ormai un luogo comune ripetere che dopo l'11 settembre 2001 il mondo non è più come prima: anche se spesso continua a esserlo e, soprattutto, se le risposte alla violenza continuano a essere quelle del secolo precedente. È certamente vero che nella violenza di oggi – in una parte della violenza di oggi – c'è qualcosa di nuovo e irriducibile alla violenza del passato. Pur se permane, come ci ricordano le decine di migliaia di vittime africane e asiatiche in conflitti di cui continuiamo a ignorare quasi tutto, un esteso e perdurante tasso di violenza che è molto più simile a quello sperimentato nel XX secolo. Come c'era stato *anche* un rapporto di continuità tra la violenza dell'Ottocento e quella del XX secolo, così accade tra quella del Novecento e quella del XXI secolo.

A caratterizzare come storicamente nuova la violenza del terrorismo dei nostri giorni basterebbe ricordare alcuni elementi: la mancanza di un territorio di riferimento (da rivendicare, liberare, difendere); la scelta preordinata di colpire vittime innocenti, ritenute responsabili per appartenenza comunitaria o collusione "oggettiva" col nemico; la mancanza di un fine, di un obiettivo "utile" che non sia quello di scatenare terrore, provocare paura, inasprire la reazione repressiva; la consapevole immolazione dei partecipanti all'atto terroristico (che è cosa ben diversa dal mettere in conto la possibilità del sacrificio individuale); l'inesistenza, o l'estrema debolezza, di una storia di cui rivendi-

[1] Charles Maier, *Il Ventesimo secolo è stato peggiore degli altri? Un bilancio storico alla fine del Novecento*, "il Mulino", n. 386, novembre-dicembre 1999, pp. 995 e sgg.

care l'appartenenza, di una memoria del passato con cui rafforzare la propria identità.

Il carattere ideologicamente totalitario del fondamentalismo religioso – di ogni fondamentalismo religioso – fa spesso cadere nell'errore, che sembra diffondersi con troppa facilità, di accomunare il terrorismo odierno al totalitarismo del secolo scorso. È un errore di comprensione e di prospettiva storica da cui non possono che discendere valutazioni e azioni sbagliate. Non è un caso, infatti, che la risposta prevalentemente data al terrorismo fino adesso sia stata ispirata alle forme dell'azione repressiva del passato, a individuare in alcuni stati – gli *stati canaglia* – le radici del terrorismo illudendosi così di poterle individuare, combattere e debellare. Con i risultati fallimentari che sono sotto gli occhi di tutti.[2] Altrettanto deleteria è la spinta a uniformare ogni atto di terrorismo, a ridurlo alla manifestazione di un disegno terroristico universale pianificato, a chiudere gli occhi di fronte alle diversità e particolarità di terrorismi che hanno spesso radici e obiettivi diversi anche se sembrano convergere nell'accettare l'egemonia del terrorismo più nuovo e spietato.

La tendenza, forse inevitabile, a semplificare una realtà oltremodo complessa e a ridurne le molte variabili a poche e ripetitive caratteristiche, influenza l'intero spettro della politica, dei governi, dei movimenti di opposizione. Per molti oppositori alla guerra, ad esempio, i conflitti in cui è stato coinvolto l'Occidente negli ultimi anni – dall'intervento in Kosovo a quello in Afghanistan e a quello in Iraq – sono riconducibili alla stessa logica di potenza, agli interessi degli Usa e dei loro alleati, esprimono una stessa politica e vanno giudicati e condannati nello stesso modo.

Il bipolarismo semplificato della Guerra fredda sembra

[2] "Il terrorismo è più simile all'Aids, al riscaldamento globale e al traffico internazionale di stupefacenti; non è il prodotto di stati nazionali, ma di nuove forze interdipendenti che hanno reso sempre più debole persino la nazione più potente del mondo, specialmente quando agisce da sola. Al Qaeda non è uno stato canaglia, è un'organizzazione non governativa – i cui seguaci si definiscono *terroristes sans frontières* – e non sarà sconfitta indipendentemente da quanti regimi taliban o dittatori come Saddam l'America possa abbattere" (Benjamin R. Barber, *La Dichiarazione d'interdipendenza*, "la Repubblica", 10 settembre 2004).

ancora il criterio dominante con cui leggere e interpretare la realtà, anche se sono cambiati gli attori e i protagonisti. Ne deriva una logica di contrapposizione per appartenenza di campo, anche nella descrizione e valutazione della violenza, che è il primo ostacolo alla comprensione degli elementi di novità che sono apparsi nella storia presente.

Per comprendere questa nuova violenza, tuttavia, l'analisi di quella che si è sviluppata lungo tutto il XX secolo può venire in aiuto. Molte di quelle violenze, infatti, sono ancora diffuse e ricorrono in parecchi degli episodi che hanno contraddistinto i primi anni di questo secolo. Analogo, inoltre, è il processo che porta in molti casi alla violenza, simili le componenti e le modalità con cui si manifesta, uguali le questioni – di metodo e di contenuto – che ci si trova ad affrontare per cercare di capire le radici e le cause della violenza.

L'analisi e lo studio della violenza hanno fatto grandi passi avanti e prodotto numerosi studi negli ultimi anni, soprattutto in riferimento alle grandi violenze (genocidi, *mass killing*, massacri) e ai comportamenti individuali che la favoriscono o la inducono. Di questi studi il presente lavoro ha cercato di tenere conto, anche se la prospettiva di comparazione storica che esso sottende rimane prevalente. Tra le recenti opere che in differente maniera hanno assunto questa stessa prospettiva due soprattutto meritano di essere ricordate: la prima che ha fatto della comparazione il punto centrale di un ripensamento complessivo dell'esperienza storica dei genocidi[3]; la seconda che ha cercato di proporre – anche se non sempre in modo convincente – un nuovo modello di lettura e di interpretazione di *mass killing*, termine più generico e comprensivo utilizzato per classificare, individuare le cause e proporre politiche di prevenzione alle uccisioni di massa di tipo *espropriativo* o *coercitivo*.[4]

[3] Robert Gellately, Ben Kiernan (eds.), *The Specter of Genocide. Mass Murder in Historical Perspective*, Cambridge University Press, Cambridge 2003.

[4] Benjamin A. Valentino, *Final Solutions. Mass Killing and Genocide in the 20th Century*, Cornell University Press, Ithaca 2004. I due tipi di *mass killing* comprendono ognuno tre gruppi: quello *espropriativo* le uccisioni di tipo comunista, etnico e territoriale; quello *coercitivo* le uccisioni di tipo controguerriglia, terroristico, imperialista.

Tra i problemi più frequentemente dibattuti negli ultimi anni vi è quello, tutt'altro che risolto, della definizione e dei criteri di individuazione degli atti di violenza, in particolare modo di quelli definiti a Norimberga "crimini contro l'umanità" e più tardi, nella Convenzione che porta appunto quel nome, formalizzati come "genocidi". Il genocidio è il più grave dei crimini contro l'umanità o, per quanto possa apparire ripetitivo, un crimine contro l'umanità ancora più crudele e immotivato degli altri. Quello che lo contraddistingue dalle altre terribili violenze è il "provato intento" di distruggere una comunità, l'intenzione di operare la violenza. "Deliberato e sistematico sterminio di un gruppo etnico o nazionale." Così l'Oxford Dictionary, in una definizione corretta ma che non dà conto della discussione che ha accompagnato, prima, durante e dopo, la nascita e codifica di questo termine in legge. In questo senso non sembrerebbe esserci dubbio sulla possibilità – sul *dovere* – di applicare questo concetto anche alla distruzione di Cartagine da parte di Roma, allo sterminio delle popolazioni indie del Nuovo Mondo commesso nel XVI secolo dagli spagnoli, a quello degli indiani del Nordamerica che ha accompagnato nell'Ottocento la formazione degli Stati Uniti d'America, a tanti altri che si sono succeduti in ognuno dei continenti.

Lasciando da parte la problematica giuridica che accompagna l'uso del termine genocidio, estremamente importante anche per i suoi risvolti di politica internazionale, si è proposto di usare termini più ampi e generici (come ha fatto Benjamin A. Valentino con *mass killing*) per indicare tutte le uccisioni intenzionali di un numero rilevante di civili o di non combattenti: al fine di comprenderne meglio le radici e la dinamica, e la possibilità di classificarli storicamente, invece che concentrarsi sulla bontà o meno di una definizione giuridica. Rimane ferma, anche in questo caso, la volontà di sottolineare l'*intenzionalità* della violenza, cioè la sua non accidentalità, indipendentemente dai motivi su cui si giustifica o dagli obiettivi che intende ottenere. Vi rientrerebbero, dunque, tanto stermini motivati da odio razziale o paura etnica quanto massacri che sono il risultato indiretto di azioni politiche (come nel caso della collettivizzazione forzata o del Grande balzo in avanti nei regimi comunisti) o di conquiste territoriali e azioni di guerra.

Direttamente legato al problema dell'intenzionalità è quello della decisione, di come nascono le violenze e di chi le prepara e le ordina. In quest'ambito c'è stato chi ha enfatizzato il ruolo strumentale e chi quello strategico della violenza, chi ha dato maggiore attenzione al ruolo dei leader e di organizzazioni politiche e paramilitari e chi, invece, alla partecipazione di massa, al consenso sociale e culturale, all'atteggiamento passivo o indifferente che hanno accompagnato i massacri.

La questione dell'esistenza o meno di società con una maggiore propensione alla violenza o, al contrario, del ruolo predominante della politica nell'organizzazione e nello scatenamento della violenza, fa parte di quei complessi e irrisolvibili problemi cui appartiene anche l'interrogativo sulla natura umana, sulla esistenza di individui con maggiore predisposizione alla violenza o di persone più portate a praticarla per motivi genetici e/o culturali. Pur se risulta difficile e forse impossibile dare una risposta, nondimeno si tratta di quesiti che bisogna continuare a porsi, e a cui cercare di offrire una soluzione per quanto parziale.

Gli esperimenti di psicologia compiuti negli anni sessanta e settanta, per quanto datati e ridimensionati nella presunzione di offrire una "verità" incontrovertibile, hanno trovato parziali conferme proprio nel lavoro di storici, antropologi e sociologi. Il problema dell'obbedienza all'autorità, della pressione della situazione in cui ci si trova e dell'influenza del gruppo di pari sui singoli individui, ha avuto riscontri tanto nelle prove sperimentali di Milgram e Zimbardo[5] quanto nelle analisi di Browning[6] o nelle interpretazioni di Cohen.[7] Che un'intera società sia responsabile degli atti di violenza

[5] Vedi capitolo 20.
[6] Vedi capitolo 14.
[7] Vedi capitolo 17.

commessi da una parte della sua popolazione è stato suggerito soprattutto per la nazione tedesca nell'epoca tra le due guerre, come adesso qualcuno prova a suggerire per un'ancora più oscura e indistinta cultura o civiltà islamica. È un modo superficiale e fuorviante, a dir poco, di trattare il problema del consenso e della partecipazione, e che si ritrova purtroppo in numerosi giudizi diventati pericolosi (per la comprensione, la convivenza e la tolleranza) luoghi comuni.

L'approccio storico, l'attenzione al contesto definito nella sua dinamica temporale e in quella geografica, rappresentano la costante di questo lavoro. La metodologia storica consiste, prevalentemente, nel rifiuto di spiegazioni monocausali e nell'accettazione di quante più componenti possibili per giungere alla comprensione del fenomeno che si vuole esaminare. Se un'interpretazione non funziona quando viene sottoposta a una verifica fondata su criteri differenti dai propri vuol dire che manca di forza, coerenza, solidità. La comparazione e l'interdisciplinarietà sono fondamentali per giungere a questo risultato, ma la possibilità di utilizzarne le indicazioni e i suggerimenti si fonda sulla natura degli interrogativi che ci si pongono e sulla reale mancanza di pre-giudizi che contengano già una risposta ad alcuni di loro.

Questo non significa, ovviamente, mancare di convinzioni anche solide su questo o quell'evento, questo o quel problema, ma essere pronti a rimetterle in discussione se non riescono a superare la verifica degli interrogativi che altri si pongono. L'obiettivo di questo lavoro è, semplicemente, quello di aiutare a comprendere la violenza contemporanea. Può sembrare un obiettivo presuntuoso, ma dal momento che non presenta conclusioni apodittiche e unilaterali questo pericolo è stato forse evitato. Può sembrare, invece, che gli interrogativi che accompagnano questo libro siano più numerosi delle risposte che esso offre. Lo scopo di questi interrogativi è di non accontentarsi mai di una spiegazione o di un'interpretazione, per non perdere la complessità che accompagna ogni fenomeno storico. Una questione come quella della violenza, proprio perché non appartiene solo o prevalentemente a un'epoca o a un aspetto della realtà, a una regione geografica o a un regime politico, a una cultura o a una nazione, non può che essere trattata moltiplicando i punti di vista e gli interrogativi che ne derivano.

Ho cercato di individuare le diverse componenti della violenza e degli effetti che essa ha su di noi (la quantità e gli obiettivi, le forme e le tappe, le tipologie e le occasioni, la responsabilità e la partecipazione, la memoria e la giustizia) cercando di indicare una molteplicità di cause ma anche una possibile interrelazione e gerarchia tra di esse. Il ruolo di minoranze politiche radicali che occupano una posizione di potere nello stato e nelle istituzioni di una nazione – indipendentemente dalla loro ideologia e dal tipo di regime politico – mi sembra sempre più centrale e decisivo nella dinamica della violenza e nella possibilità che essa dia luogo a massacri o giunga a trasformarsi in genocidio. Questo non vuol dire ignorare il ruolo della mobilitazione popolare e del consenso partecipato, o le basi sociali e culturali su cui si poggiano i regimi che praticano la violenza. Ma ritenere che senza le prime – le minoranze radicali – difficilmente la seconda – la mobilitazione popolare – si trasformerebbe in un incubo terribile per chi è stato individuato come nemico, come elemento estraneo dal corpo politico (nazione, stato, classe, etnia, religione, cultura) che rappresenta la convivenza comunitaria della modernità.

Sono tanti i motivi che scatenano la violenza (tra gli altri la paura di venire sopraffatti da un nemico spesso mitizzato quando non inventato; la volontà di difesa del territorio da una vera o presunta aggressione o da una minaccia di perderlo; l'affermazione di una ideologia di tipo identitario che aspira alla purezza e alla purificazione etnica, politica, religiosa), come sono tante le forme che essa assume (fucilazioni in massa, marce della morte, deportazioni, camere a gas, campi di lavoro e di sterminio, tortura); diversi ma con tratti spesso simili i contesti in cui avviene (guerra, crisi economica, aggressione esterna) e le occasioni che permettono di iniziarla e concluderla. Per comprenderla nella sua complessità risulta ugualmente importante individuarne l'intensità, i risultati, l'intenzionalità, come anche gli obiettivi dichiarati e le giustificazioni addotte.

È un lavoro, questo, che potrebbe non finire mai: su ognuno degli argomenti che riguardano i singoli capitoli, come sui diversi episodi che vengono utilizzati come esempi, sono stati scritti decine di libri, e spesso si attende ancora la parola definitiva. Eppure, ogni tanto, bisogna fermarsi e provare a fare il punto sul livello di conoscenza e comprensione che abbiamo raggiunto. Con la convinzione che è solo da una conoscenza articolata e approfondita e da una comprensione critica che l'impegno etico contro la violenza può trovare modalità più appropriate di esprimersi. Nessuno è per principio a favore della violenza e pochissimi sono i non violenti assoluti (anche Gandhi diceva che "è meglio essere violenti, se c'è violenza nei nostri cuori, piuttosto che indossare il mantello della non violenza per coprire l'impotenza"); quasi tutti, però, sono disposti ad accettare, giustificare o perfino auspicare – a determinate condizioni – l'uso di qualche azione armata che si può tradurre inevitabilmente e prevedibilmente in violenza contro innocenti.

Non è uno studio sulla violenza che può creare delle convinzioni etiche su tale problema; ma forse può servire a chiunque, qualunque convinzione etica abbia in proposito, a riflettere maggiormente e a verificare la giustezza e coerenza dei propri convincimenti.

Bibliografia

Il numero dei libri sulla violenza e sugli esempi delle violenze di massa ricordate in questo lavoro è talmente sterminato che non si può pensare di individuare una lista che non sia in gran parte arbitraria. Mi limiterò, quindi, a suggerire – in modo dichiaratamente personale – un breve elenco di testi che sono stati tradotti in italiano, che mi sembrano i più adatti ad approfondire la complessità che è propria di questo tema. Indicherò, inoltre, per ogni argomento e per ogni evento di particolare rilievo, un numero ristretto di libri privilegiando quelli maggiormente innovativi e recenti, anche se in lingua straniera.

I tanti saggi apparsi negli ultimi anni sulle radici psicologiche, mediche o addirittura genetiche della violenza umana, soprattutto in riviste specializzate, non hanno ancora prodotto una sintesi chiara e accettabile; e il rischio, in questa letteratura, è di perdersi dietro articoli spesso incapaci di proporre generalizzazioni convincenti o, al contrario, che avanzano generalizzazioni piene di pregiudizi ammantati di pseudoscienza. Per parte mia ritengo ancora un libro fondamentale, per orientarsi nella parte violenta della psiche umana, *Anatomia della distruttività umana* di Erich Fromm (Mondadori 1979; ed. or. 1973), per quanto possa sembrare e in parte sia un libro datato.

Tra i testi di carattere filosofico, rinvierei senza dubbio a Hannah Arendt, *Sulla violenza* (Guanda 2001; ed. or. 1970), che nell'analizzare il rapporto tra potere e violenza, tra mezzo e fine, illumina gli aspetti fondamentali della legittimazione e della giustificazione che stanno dietro a ogni violenza, fino alla più estrema della Shoah; indicando nella perdita di potere di uno stato, nel senso di autorità, il rischio di un ricorso sostitutivo alla violenza che da mezzo si trasforma in fine.

È stata accolta con polemiche, spesso pretestuose, la riproposizione recente del libro ormai classico di Frantz Fanon, *I dannati della terra* (Edizioni di Comunità/Einaudi 2000; ed. or. 1961), che alcuni hanno voluto vedere come un manifesto di giustificazione della violenza – e invito a perseguirla – da parte degli oppressi verso i loro oppressori. Come ricordava la stessa Arendt, in tale giudizio può cadere solo chi si sia fermato al primo capitolo del libro, che in effetti teorizza la "necessità" della violenza dei colonizzati per riappropriarsi della disumanizzazione di cui il colonialismo li ha fatti oggetto. È il rapporto tra colonizzatore e colonizzato – che anticipa molte delle riflessioni di Edward W. Said – a costituire il perno dell'interesse di Fanon, maturato attraverso l'elaborazione teorica e la pratica professionale della sua indagine clinica in quanto psichiatra; e che lo porta, come disse a Roma nel 1959 nel corso del 2° Congresso degli scrittori e artisti neri, a vedere come il colonialismo "induce il colonizzato a confessare l'inferiorità della sua cultura ridotta in comportamenti istintivi, a riconoscere l'inesistenza della sua nazione, e, al limite, della sua stessa struttura biologica".

Tra i libri più recenti si può ricordare anche il *Saggio sulla violenza* di Wolfgang Sofsky (Einaudi 1998; ed. or. 1996) che, pur articolato attorno a interessanti isole tematiche, ripercorse con l'ausilio di una documentazione ampia e multidisciplinare, sembra indirizzare la sua narrazione nel vicolo cieco della violenza connaturata all'uomo, del crimine tratto peculiare della specie umana. La riduttiva e discutibile tesi secondo cui la storia, l'ordine civile, le istituzioni politiche modificano soltanto la forma che assume una violenza perennemente uguale a se stessa, porta a un'analisi circostanziata delle modalità della violenza; ma impedisce di cogliere il rapporto tra violenza e modernità, burocrazia, storia, suggerendo una continuità genetica e antropologica dell'uomo di cui la violenza sarebbe componente strutturale.

Ancora sul versante della riflessione filosofica e politica della violenza moderna si può leggere un libro breve, fortemente stimolante e incisivo: *L'umanità perduta. Saggio sul XX secolo* di Alain Finkielkraut (Liberal 1997; ed. or. 1996), che individua il ruolo delle ideologie, delle organizzazioni politiche d'avanguardia, delle strutture politiche, nel costruire un potere che si ritiene sottratto a ogni vincolo perché anticipa e attua la Storia in nome di princìpi ritenuti superiori (la Razza, la Classe, la Nazione, lo Stato); e che si sente legittimato in nome della storia a compiere distruzioni e violenze verso chi ritiene voglia ostacolare il cammino verso un futuro nuovo e una nuova umanità.

Un libro importante per capire il Novecento, di un autore che si era già interessato più volte al tema della violenza (*La conquista dell'America*, Einaudi 1990; ed. or. 1981), è quello di Tzvetan Todorov, *Memoria del male, tentazione del bene* (Garzanti 2001; ed. or. 2001). È, in sostanza, uno studio sul totalitarismo e sui rapporti che la democrazia ha intrattenuto con questo "male nuovo", con questo tipo di regime inedito che ha caratterizzato la storia del Novecento. È la ricerca della relazione – contraddittoria e complessa – che l'Occidente liberale e democratico ha avuto con il totalitarismo: per poter meglio guardare dentro lo stesso Occidente e cogliere le debolezze e aporie della democrazia soprattutto rispetto al terreno – quello dell'identità – su cui il totalitarismo ha saputo inventare risposte capaci di attrarre consenso, entusiasmi, adesioni a dispetto delle tragedie che imponeva alla collettività. L'approccio di Todorov non si limita, tuttavia, a una ricostruzione dei fondamenti ideologici e filosofici, ma si focalizza prevalentemente nella loro pratica e storica concretizzazione. E lo fa, mirabilmente, attraverso biografie esemplari – per la loro profondità, ricchezza, moralità e complessità – di intellettuali e scrittori che hanno attraversato il totalitarismo da testimoni privilegiati, come vittime o come osservatori angosciati, in ogni caso come persone che hanno trovato, accanto alla forza di combatterlo, la capacità di analizzarlo e comprenderlo (Vasilij Grossman, Margarete Buber-Neumann, David Rousset, Primo Levi, Romain Gary e Germaine Tillion).

Le due guerre mondiali e le esperienze totalitarie hanno rappresentato i momenti salienti, anche se certo non unici, della violenza novecentesca. Sul primo conflitto offre una visione complessiva e articolata il recente libro di Stephane Audoin-Rouzeau e Annette Becker, *La violenza, la crociata, il lutto. La Grande Guerra e la storia del Novecento* (Einaudi 2002; ed. or. 2001); e situa questa esperienza nell'ambito dell'intera storia novecentesca Jay Winter, *Il lutto e la memoria. La Grande Guerra nella storia culturale europea* (il Mulino 1998; ed. or. 1998). Sulla Seconda guerra sono di particolare rilievo alcuni testi che si occupano esclusivamente dell'Italia o di una sola regione: L. Klinkhammer, *L'occupazione tedesca in Italia 1943-1945* (Bollati Boringhieri 1993) e M. Battini-P. Pezzino, *Guerra ai civili. Occupazione tedesca e politica del massacro. Toscana 1944* (Marsilio 1997); oltre a un libro che ha rinnovato gli studi sulla Resistenza e rappresenta ancora oggi un modello di indagine storiografica, quello di Claudio Pavone, *Una guerra civile. Saggio storico sulla moralità nella Resistenza* (Boringhieri 1991).

Sul nazismo, tra la vastissima massa di libri, si può approfondire la questione della violenza con un saggio di carattere più generale, *La violenza nazista. Una genealogia* di Enzo Traverso (il Mulino 2002), che ripercorre le vicende che hanno portato alla creazione dei campi di sterminio al termine di un lungo processo di meccanizzazione e disumanizzazione della morte, che integra la razionalità produttiva e amministrativa del mondo moderno (la fabbrica, la prigione, la burocrazia). La distruzione pianificata e la morte anonima di massa su scala europea, inaugurate con la Grande guerra, trovano una sintesi nuova nel nazionalsocialismo, e Auschwitz appare così la fusione originale di diverse forme di dominio e di sterminio già sperimentate. Un libro che ha rappresentato un contributo importante per comprendere alcuni aspetti centrali della violenza nazista è quello di Christopher Browning, *Uomini comuni. Polizia tedesca e "Soluzione finale" in Polonia* (Einaudi 1999; ed. or. 1992), attento a indagare i condizionamenti sociali e culturali che, all'interno di un regime politico totalitario e di una propaganda ossessiva, e nel contesto di un conflitto armato, rendono la violenza una pratica della "ordinary people". Di Browning vale la pena di leggere anche *Verso il genocidio. Come è stata possibile la soluzione finale* (il Saggiatore 1999; ed. or. 1992).

Sulla violenza del comunismo sovietico, che si è concretizzata prevalentemente nell'esperienza del Gulag, due opere recenti sono state capaci di riassumere le conoscenze acquisite in anni di studi specialistici che hanno seguito l'apertura degli archivi ex sovietici, e di proporle in una narrazione articolata e in una sintesi interpretativa coerente: Anne Applebaum, *Gulag. Storia dei campi di concentramento sovietici* (Mondadori 2004; ed. or. 2003) e *Gulag. Storia e memoria*, a cura di Elena Dundovich, Francesca Gori, Emanuela Guercetti (Feltrinelli 2003); cui si può aggiungere il bel libro fotografico di Tomasz Kizny, *Gulag* (Bruno Mondadori 2004; ed. or. 2003).

I campi di concentramento, di prigionia, di lavoro e di sterminio sono stati uno dei modi più frequenti con cui nel Novecento la violenza è stata rivolta contro civili inermi in un'opera di spersonalizzazione e disumanizzazione continua. Su questo una lettura d'obbligo è quella di Joël Kotek e Pierre Rigoulot, *Il secolo dei campi. Detenzione, concentramento e sterminio 1900-2000* (Mondadori 2001, ed. or. 2000). Mentre sul tema delle migrazioni forzate, degli spostamenti coatti di popolazione, dei rifugiati dalle guerre e dalla violenza etnica un libro da leggere è quello curato da Marco Buttino, *In fuga. Guerre, carestie e migrazioni nel mondo contemporaneo* (l'ancora del mediterraneo 2001). Un altro libro collettaneo, che unisce il tema dell'analisi della violenza a quello della sua memoria pubblica è, invece, quello curato da Gustavo Corni e Gerhard Hirschfeld, *L'umanità offesa. Stermini e memoria nell'Europa del Novecento* (il Mulino 2003). Su quest'ultimo tema, anche se circoscritto ai due grandi stati sconfitti nella Seconda guerra mondiale, è pieno di informazioni e sollecitazioni interpretative Ian Buruma, *Il prezzo della colpa. Germania e Giappone: il passato che non passa* (Garzanti 1994).

Sui crimini di guerra, che è un tema connaturato alla violenza perché assorbe una percentuale altissima di tutte quelle commesse, sono fondamentali due libri: il primo del fondatore di Human Rights Watch, Aryeh Neier, *La legge della guerra* (il Saggiatore 2000); il secondo che è il risultato di un progetto informativo ed educativo organizzato da reporter, fotografi, giornalisti e che è stato curato da Roy Gutman e David Rieff, *Crimini di guerra* (Contrasto/Internazionale 2000).

Un libro di grandissimo valore, che affronta indirettamente ma con continui riferimenti e riflessioni acute e stimolanti il tema della violenza è quello di Stanley Cohen, *Stati di negazione. La rimozione del dolore nella società contemporanea* (Carocci 2002), che costituisce un'autorappresentazione sui modi in cui l'Occidente ha pensato e pensa a una violenza che ancora lo accompagna, ma in modi più lontani e leggeri di quanto accadde nella prima metà del Novecento. Indagare in profondità il modo in cui singole persone o intere comunità evitano di confrontarsi con verità scomode e realtà dolorose, individuando i meccanismi di diniego consapevoli o inconsapevoli che vengono messi in atto dagli individui e dalle collettività, è un modo per ritornare, da un punto di vista che è insieme sociologico e psicologico, al primo libro suggerito in questo breve percorso, alla ricerca di qualche risposta alle domande più generali e profonde sulla natura della violenza umana.

Sulle cause, i motivi, le modalità, le forme che essa ha assunto, quelli che seguono sono alcuni tra i titoli più nuovi e interessanti che sono stati pubblicati:

Campi di concentramento

Andrzej Kaminski, *I campi di concentramento dal 1896 a oggi: storia, funzioni, tipologia*, Bollati Boringhieri, Torino 1997.
Catherine Coquio (ed.), *Parler des camps, penser les génocides*, Albin Michel, Paris 1999.
Carlo Spartaco Capogreco, *I campi del duce. L'internamento civile nell'Italia fascista (1940-1943)*, Einaudi, Torino 2004.

Colonialismo

Marc Ferro (sous la direction de), *Le livre noir du colonialisme. XVI*e*-XXI*e *siècle: de l'extermination à la repentance*, Robert Laffont, Paris 2003.

Comunismo

Robert Conquest, *The Harvest of Sorrow: Soviet Collectivization and the Terror-Famine*, Oxford UP, NY 1986.
Edwin Bacon, *The Gulag at War. Stalin's Forced Labour System in the Light of Archives*, New York University Press, New York 1994.
Jacques Rossi, *Le Manuel du Goulag*, Le cherche midi éditeur, Paris 1997.
Stephane Courtois (a cura di), *Il libro nero del comunismo. Crimini, terrore, repressione*, Mondadori, Milano 1998.
Galina Mikhailovna Ivanova, *Labor Camp Socialism. The Gulag in the Soviet Totalitarian System*, M.E. Sharpe, Armonk 2000.
Zhang Liang, *The Tiananmen Papers*, PublicAffairs, New York 2001.

Criminali e carnefici

Jacques Pauw, *Into the Heart of Darkness. Confessions of Apartheid's Assassins*, Jonathan Ball Publishers, Johannesburg 1997.
Lawrence Weschler, *A Miracle, A Universe. Settling Accounts with Torturers*, The University of Chicago Press, Chicago 1998.
Marcella Ravenna, *Carnefici e vittime. Le radici psicologiche della Shoah e delle atrocità sociali*, il Mulino, Bologna 2004.

Diritti umani

Marvin E. Frankel, *Out of the Shadows of Night. The Struggle for International Human Rights*, Delacorte Press, New York 1989.
Carla Hesse & Robert Post (eds.), *Human Rights in Political Transitions: Gettysburg to Bosnia*, Zone Books, New York 1999.
Aryeh Neier, *Taking Liberties. Four Decades in the Struggle for Rights*, PublicAffairs, New York 2003.

Fascismo

Alberto Sbacchi, *Legacy of Bitterness: Ethiopia and Fascist Italy, 1935-1941*, Red Sea Press, Lawrenceville 1997.
Ian L. Campbell, Degife Gabre-Tsadik, *La ricostruzione del massacro di Debrà Libanòs*, "Studi Piacentini", n° 21, 1997.

Genocidio

Frank Chalk, *The History and Sociology of Genocide: Analyses and Case Studies*, Yale UP, New Haven 1990.
Helen Fein, *Genocide: A Sociological Perspective*, Sage, London 1993.

Irving Louis Horowitz, *Taking Lives: Genocide and State Power*, Transaction Publishers, New Brunswick 1997.
Samuel Totten, William S. Parsons, Israel W. Charny, *Century of Genocide. Eyewitness Accounts and Critical Views*, Garland Publishing, New York 1997.
M. Peck, J. Abraham (eds.), *The Holocaust and History, the Known, the Unknown and the Reexamined*, Indiana UP, Bloomington 1998.
Israel Charny (ed.), *Encyclopedia of Genocide*, 2 voll, ABC-CLIO, Santa Barbara 1999.
R.J. Rummel, *Statistics of Democide: Genocide and Mass Murder since 1900*, Transaction Publishers, New Brunswick 1999.
Yehuda Bauer, *Rethinking the Holocaust*, Yale UP, New Haven 2001.
Alexander Laban Hinton (ed.), *Genocide: An Anthropological Reader*, Blackwell, London 2002.

Giustizia

Elizabeth Neuffer, *The Key to My Neighbor's House. Seeking Justice in Bosnia and Rwanda*, Picador, New York 1998.
Howard Ball, *Prosecuting War Crimes and Genocide. The Twentieth-Century Experience*, University Press of Kansas, Lawrence 1999.
Geoffrey Robertson, *Crimes Against Humanity. The Struggle for Global Justice*, Penguin Books, London 2002.

Guerra

Claudio Cioffi-Revilla, *The Scientific Measurement of International Conflict: Handbook of Datasets on Crises and Wars, 1495-1988 A.D.*, Lynne Rienner, Boulder 1990.
Yuki Tanaka, *Hidden Horrors. Japanese War Crimes in World War II*, Westview Press, Boulder 1998.

Danilo Zolo, *Chi dice umanità. Guerra, diritto e ordine globale*, Einaudi, Torino 2000.
Human Rights Watch, *Under Orders. War Crimes in Kosovo*, HRW, New York 2001.
Mary Kaldor, *Le nuove guerre. La violenza organizzata nell'età globale*, Carocci, Roma 2001.
Maria Cristina Ercolessi, *I signori della guerra. Stati e micropolitica dei conflitti,* l'ancora del mediterraneo, Napoli 2002.
Ted Bartimus, Denby Fawcett et. al., *War Torn. Stories of War from the Women Reporters Who Covered Vietnam*, Random House, New York 2002.
Stéphane Audoin-Rouzeau, Annette Becker, Christian Ingrao, Henry Rousso, *La Violence de guerre, 1914-1945. Approches comparés des deux conflits mondiaux*, Complexe/IHTP, Bruxelles/Paris 2002.

Guerra civile

Gabriele Ranzato (a cura di), *Guerre fratricide. Le guerre civili in età contemporanea*, Bollati Boringhieri, Torino 1994.
Peter Waldmann y Fernando Reinares (eds.), *Sociedades en Guerra Civil. Conflictos violentos de Europa y America Latina*, Paidós, Barcelona 1999.
Gabriele Ranzato, *L'eclissi della democrazia. La guerra civile spagnola e le sue origini 1931-1939*, Bollati Boringhieri, Torino 2004.

Identità

Omer Bartov, *Mirrors of Destruction. War, Genocide and Modern Identity*, Oxford UP, Oxford 2000.
Sophie Bessis, *L'Occident et les autres. Histoire d'une suprématie*, La Découverte, Paris 2001.

Memoria

Henry Rousso, *La Hantise du passé. Entretien avec Philippe Petit*, Textuel, Paris 1998.
Ludmila da Silva Catela, *No habrá flores en la tumba del pasado*, Ediciones Al Margen, La Plata 2001.
Thomas Ferenczi (ed.), *Devoir de mémoire, droit à l'oubli?*, Editions Complexe, Bruxelles 2002.

Nazionalsocialismo

Zygmunt Bauman, *Modernità e Olocausto*, il Mulino, Bologna 1994.
Philippe Burrin, *Hitler e gli ebrei. Genesi di un genocidio*, Marietti Editore, Genova 1994.
Michael R. Marrus, *L'Olocausto nella storia*, il Mulino, Bologna 1994.
Raoul Hilberg, *Carnefici, vittime, spettatori. La persecuzione degli ebrei 1933-1945*, Mondadori, Milano 1994.
Raoul Hilberg , *La distruzione degli ebrei d'Europa*, Einaudi, Torino 1995 (2 voll.).
Giovanni Gozzini, *La strada per Auschwitz. Documenti ed interpretazioni sullo sterminio nazista*, Bruno Mondadori, Milano 1996.
Jan T. Gross, *I carnefici della porta accanto.1941: il massacro della comunità ebraica di Jedwabne in Polonia*, Mondadori, Milano 2002.

Processi e giustizia

Whitney R. Harris, *Tyranny on Trial. The Trial of the Major German War Criminals at the End of World War II at Nuremberg, Germany, 1945-1946*, Southern Methodist University Press, Dallas 1999.

Gary Jonathan Bass, *Stay the Hand of Vengeance. The Politics of War Crimes Tribunals*, Princeton UP, Princeton 2000.
Peter Maguire, *Law and War. An American History*, Columbia UP, New York 2000.
Tim Maga, *Judgment at Tokio. The Japanese War Crimes Trials*, The University Press of Kentucky, Lexington 2001.
Marcello Flores (a cura di), *Storia, verità, giustizia. I crimini del XX secolo*, Bruno Mondadori, Milano 2002.

Psicologia

David M. Stoff, Robert B. Cairns (eds.), *Aggression and Violence: Genetic, Neurobiological, and Biosocial Perspectives*, Lawrence Erlbaum Associates Publishers, Mahwah, NJ 1996.
Elizabeth Kandel Englander, *Understanding Violence*, Lawrence Erlbaum Associates, Mahwah, NJ 1997.
Richard W. Bloom, Nancy Dess, *Evolutionary Psychology and Violence*, Praeger, Westport, CT and London 2003.

Rifugiati

UNHCR (Alto Commissariato delle Nazioni Unite per i Rifugiati), *I rifugiati nel mondo. Cinquant'anni di azione umanitaria*, UNHCR, Roma 2000.

Riparazione e perdono

Roy L. Brooks, *When Sorry Isn't Enough. The Controversy over Apologies and Reparations for Human Injustice*, New York UP, NY 1999.
Elazar Barkan, *The Guilt of Nations. Restitution and Negotiating Historical Injustices*, Norton, New York 2000.

Testimonianze e memorie

Samuel Totten, *First-Person Accounts of Genocidal Acts Committed in the Twentieth Century*, Greenwood Press, Westport 1991.

Veronique Garros, Natalia Korenevskaya, Thomas Lahusen, *Intimacy and Terror. Secret Diaries of the 1930s*, The New Press, New York 1995.

Simeon Vilensky (ed.), *Till My Tale Is Told. Women's Memoirs of the Gulag*, Indiana UP, Bloomington 1999.

Isabelle Wesselingh, Arnaud Vaulerin, *Bosnie, la Mémoire à vif*, Buchet/Chastel, Paris 2003.

Leona Toker, *Return from the Archipelago. Narratives of Gulag Survivors*, Indiana UP, Bloomington 2000.

Tortura

John Conroy, *Unspeakable Acts, Ordinary People. The Dynamics of Torture*, University of California Press, Berkeley 2000.

Totalitarismo

Marcello Flores (a cura di), *Nazismo, fascismo, comunismo. Totalitarismi a confronto*, Bruno Mondadori, Milano 2000.

Henry Rousso (a cura di), *Stalinismo e nazismo. Storia e memoria comparate*, Bollati Boringhieri, Torino 2001.

Enzo Traverso, *Il totalitarismo*, Bruno Mondadori, Milano 2002.

Verità e riconciliazione

Marcello Flores (a cura di), *Verità senza vendetta. L'esperienza della commissione sudafricana per la verità e la riconciliazione*, Manifestolibri, Roma 1999.

Martin Meredith, Tina Rosenberg, *Coming to Terms. South Africa's Search for Truth*, PublicAffairs, New York 1999.
Charles Villa Vicencio, Wilhelm Verwoerd, *Looking Back Reaching Forward. Reflections on the TRC of South Africa*, University of Cape Town Press, Cape Town 2000.
Robert I. Rotberg, Dennis Thompson (eds.), *Truth V. Justice. The Morality of Truth Commissions*, Princeton UP, Princeton 2000.
Priscilla B. Hayner, *Unspeakable Truths. Confronting State Terror and Atrocity*, Routledge, New York 2001.

Violenza

Ted Robert Gurr (ed.), *Violence in America*, 2 vols, Sage, Newbury Park 1989.
Eric Carlton, *Massacres. An Historical Perspective*, Scolar Press, Aldershot 1994.
Paul R. Brass, *Theft of an Idol: Text and Context in the Representation of Collective Violence*, Princeton UP, Princeton 1997.
Georg Elwert, Stephan Feuchtwang, Dieter Neubert, *Dynamics of Violence. Processes of Escalation and De-Escalation in Violent Group Conflicts*, Duncker & Humblot, Berlin 1999.
Gabriel Jackson, *Civilization & Barbarity in 20th Century Europe*, Humanity Books, Amherst 1999.
Joanna Bourke, *An Intimate History of Killing. Face-to-Face Killing in Twentieth-Century Warfare*, Granta Books, London 1999.
Mark Levene, Penny Roberts (eds.), *The Massacre in History*, Berghahn Books, NY 1999.
Encyclopedia of Violence, Peace and Conflict, Academic Press, San Diego 1999.
Kenton Worcester, Sally Avery Bermanzohn, Mark Ungar, *Violence and Politics. Globalization's Paradox*, Routledge, New York 2002.

Carolyn Nordstrom, *Shadows of War. Violence, Power, and International Profitering in the Twenty-First Century*, University of California Press, Berkeley 2004.

Violenza etnica

Michael E. Brown (ed.), *Ethnic Conflict and International Security*, Princeton UP, Princeton 1993.
Ted Robert Gurr, *Minorities at Risk: A Global View of Ethnopolitical Conflicts*, US Institute of Peace Press, Washington 1993.
Ted Robert Gurr, *Ethnic Conflicts in World Politics*, Westview, Boulder 1994.
Norman Cigar, *Genocide in Bosnia: the Policy of "Ethnic Cleansing"*, Texas A&M University Press, College Station 1995.
Ted Robert Gurr, *Peoples versus States: Minorities at Risk in the New Century*, US Institute of Peace Press, Washington 2000.
Bill Berkeley, *The Graves Are not Yet Full. Race, Tribe and Power in the Heart of Africa*, Basic Books, NY 2001.
Tatiana Sekulic, *Violenza Etnica. I Balcani tra etnonazionalismo e democrazia*, Carocci, Roma 2002.

Altro

R.J. Rummel, *Death by Government*, Transactions Publishers, New Brunswick 1994.
Indai Lourdes Sajor (ed.), *Common Grounds: Violence Against Women in War and Armed Conflict Situations*, Asian Center for Women's Human Rights, Quezon City 1998.
John R. Bowen, Roger Petersen, *Critical Comparisons in Politics and Culture*, Cambridge University Press, Cambridge 1999.
Jack Snyder, *From Voting to Violence: Democratization and Nationalist Conflict*, Norton, New York 2000.

Enrico Donaggio e Domenico Scalzo (a cura di), *Sul male*, Meltemi, Roma 2003.

Argentina

Centro de Estudios Legales y Sociales, *Testimonio sobre el Centro Clandestino de Detención de la Escuela de Mecánica de la Armada Argentina (ESMA),* Ediciones CELS, Buenos Aires 1987.
Martín Andersen, *Dossier Secreto*, Planeta, Buenos Aires 1993.
Uki Goñi, *Judas. La verdadera historia de Alfredo Astiz, el Infiltrado*, Editorial Sudamericana, Buenos Aires 1996.
Horacio Verbitsky, *Il volo*, Feltrinelli, Milano 1996.
Massimo Carlotto, *Le irregolari. Buenos Aires Horror Tour*, e/o, Roma 1998.
Uki Goñi, *Operazione Odessa. La fuga dei gerarchi nazisti verso l'Argentina di Perón*, Garzanti, Milano 2004.

Armeni

Dadrian Vahakn N. Dadrian, *Storia del genocidio armeno. Conflitti nazionali dai Balcani al Caucaso*, Guerini e associati, Milano 2003.
Taner Akçam, *From Empire to Republic. Turkish Nationalism & Armenian Genocide*, Zed Books, London 2004.

Cambogia

David P. Chandler, *The Tragedy of Cambodian History*, Yale UP, New Haven 1991.
Ben Kiernan (ed.), *Genocide and Democracy in Cambodia: The Khmer Rouge, the U.N., and the International Community*, Yale UP, New Haven 1993.
Rithy Panh, *La machine Kmère Rouge. Monti Santésok S-21*, Flammarion, Paris 2003.

Herero

Horst Dreschsler, *Let Us Die Fighting: The Struggle of Herero and Nama against German Imperialism*, Zed Press, London 1980.
Jean-Bart Gewald, *Herero Heroes*, Ohio UP, Athens 1999.

Ruanda

R.Verdier, J.-P. Chrétien (eds.), *Rwanda, un génocide du XXe siécle*, L'Harmattan, Paris 1995.
André Sibomana, *J'accuse per il Rwanda*, Ega, Torino 1998.
Yolande Mukagasana, *La morte non mi ha voluta*, la meridiana, Molfetta 1999.
Philip Gourevitch, *Desideriamo informarla che domani verremo uccisi con le nostre famiglie. Storie dal Ruanda*, Einaudi, Torino 2000.
Linda Melvern, *A People Betrayed. The Role of the West in Rwanda's Genocide*, Zed Books, London 2000.
Mahmood Mamdani, *When Victims Become Killers. Colonialism, Nativism, and the Genocide in Rwanda*, Princeton UP, Princeton 2001.
Jean Hatzfeld, *A colpi di machete. La parola agli esecutori del genocidio in Ruanda*, Bompiani, Milano 2004.

Altri casi

Amita Malik, *The Year of the Vulture*, Orient Longman, New Delhi 1972.
Robert Cribb, *The Indonesian Killings of 1965-1966: Studies from Java and Bali*, Monash University Press, Clayton 1990.
Adam Hochschild, *King Leopold's Ghost*, Houghton Mifflin Company, Boston 1998.
Gary D. Solis, *Song Thang. An American War Crime*, Bantam Books 1998.

Timothy Brook (ed.), *Documents on the Rape of Nanking*, The University of Michigan Press, Ann Arbor 1999.
Joshua Fogel (ed.), *The Nanjing Massacre in History and Historiography*, University of California Press, Berkeley 2000.
Marcus Tanner, *Ireland's Holy Wars. The Struggle for a Nation's Soul 1500-2000*, Yale UP, New Haven 2001.
Anna Politkovskaya, *A Dirty War. A Russian Reporter in Chechnya*, The Harvill Press, London 2001.
Raoul Pupo e Roberto Spazzali, *Foibe*, Bruno Mondadori, Milano 2003.
Emiko Ohnuki-Tierney, *La vera storia dei kamikaze giapponesi. La militarizzazione dell'estetica nell'Impero del Sol Levante*, Bruno Mondadori, Milano 2004.

Poche parole di ringraziamento per coloro verso cui mi sento particolarmente in debito per questo libro.

In primo luogo i colleghi e gli studenti del Master in Diritti umani con cui ho condiviso negli ultimi tre anni, a Siena, discussioni capaci di intrecciare intelligenza e impegno, curiosità e rispetto, diversità e ascolto.

In secondo luogo un numero ristretto di persone care che hanno letto tutto o in parte il manoscritto e mi hanno suggerito modifiche, approfondimenti, chiarificazioni. Verso di loro il rammarico di non essere stato capace di approfittare fino in fondo della intelligente amicizia e dell'affetto di cui ancora mi fanno onore.

In terzo luogo coloro che, nella casa editrice Feltrinelli, hanno creduto in questo libro e mi hanno aiutato a dargli la struttura e il taglio che ha definitivamente trovato.

Infine Adriano Sofri, le cui riflessioni sulla violenza – scritte in questi anni in condizioni di violenza oppressiva e umiliante e, per quanto mi sembra, anche profondamente ingiusta – ho trovato sempre pienamente convincenti e stimolanti.

La traduzione della poesia di Anna Achmatova è di Caterina Graziadei, che ringrazio di cuore.

Dedico questo libro a mia nipote Alchimia, nata nel XXI *secolo, con la speranza che possa vivere in un secolo meno violento di quello che qui è descritto.*

Siena, settembre 2004

P.S. *Il ministero dell'Università e della Ricerca ha ritenuto di* non *finanziare un progetto di ricerca interuniversitario (tra le Università di Siena, Teramo, Modena e Macerata, da me coordinato) dal titolo* La violenza del XX secolo: l'approccio storiografico in una dimensione comparata *perché "la ricerca proposta non ha particolari caratteri di originalità... il progetto non appare così interessante – sia per gli obiettivi proposti sia per le metodologie utilizzate – né così innovativo da giustificare un finanziamento".*

Siena, novembre 2004

Indice

Stampa Grafica Sipiel – Milano, gennaio 2005